我
们
一
起
解
决
问
题

治愈系心理学

考试心理学

心理素质与考场表现

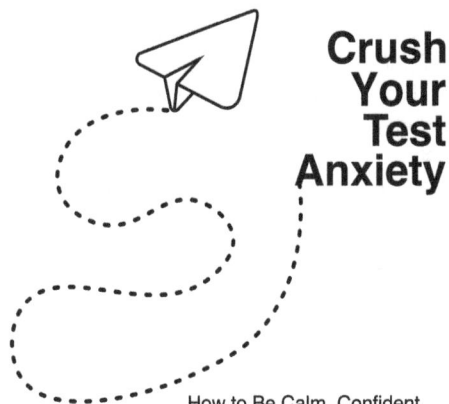

Crush Your Test Anxiety

How to Be Calm, Confident,
and Focused on Any Test

[美] 本·伯恩斯坦（Ben Bernstein） 著

昝同　　　　　译

人民邮电出版社

北　京

图书在版编目（CIP）数据

考试心理学：心理素质与考场表现 / （美）本·伯恩斯坦（Ben Bernstein）著；昝同 译. -- 北京：人民邮电出版社，2022.1
（治愈系心理学）
ISBN 978-7-115-57516-6

Ⅰ．①考… Ⅱ．①本… ②昝… Ⅲ．①考试—学习心理学 Ⅳ．①G424.74

中国版本图书馆CIP数据核字(2021)第196648号

内容提要

为什么越临近考试越学不进去？为什么考试时大脑会一片空白？为什么大多数人在考试前或考试过程中感到紧张、焦虑？如何帮助孩子减轻考试的压力？为何有些学生平时表现优异，一到关键时刻就"掉链子"？

现在，无论你想取得哪种资质，考试都是必经之路。作为拥有 50 年教学经验的教育学家和 30 年临床心理学经历的心理学家，伯恩斯坦博士的这本书并不是教我们如何记住更多内容，或者强行将更多知识灌进我们的大脑。因为参加考试的并非只有我们的大脑，还有我们的身体。因此，伯恩斯坦博士创造了一个提高考试成绩的模型，给出了提升考场表现的 9 大工具，并且提供了适用于所有考试的实用练习和建议，帮助考生以最佳状态应对考试，进而发挥出应有的水平，甚至超常发挥。

不管你是学生、家长、老师，还是上班族，考试都不可避免。最重要的是，本书中的内容既适用于任何考试，又适用于人生，因为人生就是一场大的考试。

◆　　　著　　[美] 本·伯恩斯坦（Ben Bernstein）
　　　　　译　　昝　同
　　　　责任编辑　黄海娜
　　　　责任印制　胡　南

◆人民邮电出版社出版发行　　北京市丰台区成寿寺路 11 号
　　邮编 100164　　电子邮件 315@ptpress.com.cn
　　网址 https://www.ptpress.com.cn
　　固安县铭成印刷有限公司印刷

◆开本：880×1230　1/32
　　印张：8.75　　　　　　　　　　2022 年 1 月第 1 版
　　字数：170 千字　　　　　　2025 年 9 月河北第 20 次印刷
　　　　著作权合同登记号　图字：01-2019-3812 号

定　价：59.80 元
读者服务热线：（010）81055656　印装质量热线：（010）81055316
反盗版热线：（010）81055315

前 言

· · · · · ·

本书适合哪些人

本书的内容将对具有下列特点的人有所帮助：

· 在考试前或考试过程中感到焦虑；

· 缺乏在考试中表现出较高水平的自信；

· 在学习或考试的过程中发现自己难以保持专注；

· 平时勤学苦练，但付出的努力没有通过考试成绩体现出来；

· 希望在各种标准化考试中提高自己的成绩。

即使你擅长考试（确实存在这样的人），并且在考场上表现优异，你同样有可能需要跟随本书中的辅导来提升自己的考试成绩。

或许你已经离开学校，但仍需考取某种执照或资格证书（如律师资格考试或驾照考试）。

如果你是一名家长，并且你的孩子不能在考试中充分发挥自己的潜能或厌恶考试，那么本书将会为你提供帮助。本书中呈现的一系列内容将为你全面解读你的孩子所处的状况，以及你该如何有针对性地采取行动。请你阅读及运用本书中的全部内容，并且着重参考第 9 章"给家长的建议"。

如果你是一名老师，那么你可以通过本书了解为何某些有能力的学生在考试中表现不佳。在熟悉本书中涉及的辅导程序后，你可以利用书中提供的工具帮助自己的学生提高考试成绩。除此之外，你还将学习到如何减缓因考试及施测对自己造成的压力。我推荐你完整地阅读本书，直至第 10 章"给老师的建议"。

如果你是学校的管理者或教育政策的制定者，那么本书将帮助你更深入地理解哪些因素造就了良好的教育与学习过程，以及哪些因素有助于学生考出理想的成绩。

如果你是心理咨询师或治疗师，那么本书可以帮助你理解成绩不佳的学生面对的困境。在此基础上，本书还提供了一套可以用于帮助此类学生的行动方案。

本书中呈现的内容既基于我的个人经历，又源于我与成千上万名学生、教师和来访者进行的互动，是我几十年来作为教师和心理学家的经验结晶。我为读者提供了一套用以提升考试成绩的模型，该模型提出了成功的真正根基，即在准备考试的过程中及考场上，始终保持冷静、自信和专注。

考试造成的压力令很多人陷入焦虑并产生无谓的竞争心理。这种压力具有破坏性的力量，它迫使人们注重结果而非过程。不仅如此，包括考大学、教师的薪资、学校的存亡以及职位晋升在内的诸多事项也与考试成绩息息相关。在这种情况下，考试造成的压力使得年轻人丧失了学习的热情。

然而考试既不可避免，其存在又有一定的必要性，并且在短时间内考试不会退出历史的舞台。或许你对考试心存厌恶，但你仍然不得不应对它们。厌恶是一种饱含激情的强烈情感。厌恶某种事物的心理会促使你与其展开斗争或对其弃之不顾。但如果你也像其他人一样在一生中不得不面对各种考验，那么对你来讲，无论选择斗争还是逃避都无济于事。你需要做的是引导这股能量，并且促使其成为自己实现梦想的助力。

我创作本书的初衷并非说服你对考试产生好感，喜欢考试并非取得优异成绩的必要条件。我将在本书中向你展示如何应对考试，以帮助你在付出努力后收获相应的回报，并且在考试中取得成功。

目 录

· · · · ·

1
chapter

第 1 章

本书使用指南

提供必要的工具

在你着手阅读本书时，你就拥有了一名表现辅导老师。

当人们向我寻求帮助时，我首先会厘清他们表现不佳的原因，并且在此基础上引导他们取得更理想的结果。无论是在学术能力评估测试（Scholastic Assessment Test，简称 SAT，由美国教育考试中心组织，是美国及其他国家的高中生进入美国大学的标准入学考试）中成绩偏低的高中生，还是需要在研究生入学考试中提高成绩的大学毕业生，我都会为他们提供有助于提高考试分数的工具。

作为一名辅导者，提供工具是我的工作中至关重要的一部分。请各位读者将本书视为一个工具箱，解决应试问题的方法就在其中。在随后的内容中，我将为你提供 9 种用以提升考场表现的必备工具，它们都是你迫切需要的。

然而，即使你的工具箱中装满有效的工具，也是远远不够的，你必须了解使用这些工具的时机。只有在正确的时机使用本书中提供的每一种工具，它们才能发挥功效。因此，本书将帮助你培养觉察这些时机的能力。如果你能够敏锐地把握使用的时机，这些工具就将成为你必不可少的助手。例如，假设在阅读试卷上的某个问题后，你没能立刻想到或给出答案，这会让你感到力不从心。此时，你会产生"我不会做这道题"的想法，并且开始想象最糟糕的结果。然而，一旦你提高了自己的觉察能力，就能立即意识到自己正在逐渐丧失自信，随即就可以使用恰当的工具，让自己重拾自信。在考试的过程中遇到难题会让人变得愈发焦虑，不断积累起来的压力犹如一座大山，压得人无法动弹。所谓提升觉察能力是指注意自己的状态和处境。例如，当你在路上驱车前行时，路边的指示牌提示前方危险，但你没有注意到它。接下来会发生什么呢？你可能会发生车祸。但是，如果你注意到路边的指示牌（即觉察）并相应地改变驾驶的路线（即运用工具），那么在前方等待你的便是一段安全且舒适的旅途。本书的内容可以帮助你培养觉察能力并引导你使用工具。对你而言，这二者缺一不可。即使你拥有最强大的工具，但如果察觉不到使用它们的时机，那么这些工具将变得毫无用处。与之类似，如果你觉察到自己需要借助工具却两手空空，那么你便难有作为。因此，本书在培养你的觉察能力的同时为你提供有效的工具。

阅读方式

请想象你对自己说"我讨厌考试是因为……"（在下列适合你的选项前打勾）

☐ 1. 它们令我紧张。

☐ 2. 无论我准备得如何都考不好。

☐ 3. 对我来说学习是一件难事。

☐ 4. 考试很愚蠢。

☐ 5. 每逢考试我都会呕吐。

☐ 6. 我相信其他人比我聪明。

☐ 7. 在考试的过程中我心不在焉。

☐ 8. 我认为考试无法衡量我真正拥有或掌握的知识。

☐ 9. 在考试前我难以入睡。

☐ 10. 我不擅长记忆。

☐ 11. 父母对成绩的期待让我感觉压力很大。

☐ 12. 这个社会过分热衷于考试。

☐ 13. 考试令我紧张得喘不过气来。

☐ 14. 在考试中遇到的难题令我感到崩溃，并且一切都会因此变得很糟。

☐ 15. 我不在意考试，但是其他人都很在意。

☐ 16. 考试结束后我会把所学的知识忘得一干二净，所以我不知道考试的意义何在。

☐ 17. 每逢考试我的肠胃都会发生痉挛。

☐ 18. 我的兄弟姐妹或父母能出色地应对考试，但我却做不到。

☐ 19. 考试成绩在我的总体表现中占据的比重太大。

☐ 20. 考试过于不近人情。

☐ 21. 在考试前，我的思维总是陷入混乱。

☐ 22. 我从未在考试中取得过优异的成绩。

☐ 23. 除我之外的所有人都过于重视考试。

☐ 24. 在考试中我没有机会展现自己的真知灼见。

☐ 25. 考得好是有秘诀的，而我对它们一无所知。

稍后我们会具体探讨你勾选的选项。下面先介绍一下这本书的阅读方式。

按章通读。按章通读就是按照顺序从头至尾通读本书，并且在此过程中完成每一项练习。通过通读本书，你将获得一套有助于提升考试成绩的全面训练。我推荐你以这种方式阅读本书。购买本书相当于你的一项投资，你理应获得相应的回报。

对症下药。或许你没有时间从头至尾读完本书，又或许你马上要参加一场考试，因此需要即时的帮助。在这种情况下，你可以有针对性地阅读本书第 1 章至第 3 章的内容，同时参考你所勾选的上述选项从相应的各章中获得所需的帮助（见表 1-1）。

表 1-1　对症下药

若你选择下列选项	请直接参考如下各章的内容
第 1、5、9、13、17、21 项	第 4 章
第 2、6、10、14、18、22 项	第 5 章
第 3、7、11、15、19、23 项	第 6 章
第 4、8、12、16、20、24 项	第 7 章
第 25 项	全书

心理素质如何影响考场表现

现在，无论你想取得哪种资质——从驾驶执照到医师资格证书，从公民身份到大学学位——考试都是必经之路。然而，对许多人来讲，横亘在这条道路中间的便是考试造成的压力。

压力是一种心理负担或苛求。低水平的压力不会造成问题，甚至在我们的生活中，保持适当水平的压力是必要且有益的。然而，当你的压力水平远远超出了自己的承受能力时，你便会感到紧张、沮丧且不知所措，伴随而来的通常还有疲惫感。考试带来的压力会以一种特有的方式引起人们的不适。每个人在考试前、考试中和考试后都会体验到一种特定的心理状态。

在考官发放试卷前，你坐在教室里，各种各样的想法在你的脑海中涌现。首先，你因为迫切希望能有一个好的表现而感到压力很大。在此时此地，你必须运用自己的全部学识来帮助自己在考试中获得成功。你清楚自己必须在短短几分钟内迅速回忆所学的知识并给出答案。你必须在有限的时间内回答试卷上的所有问题。你意识到勉强使思维高速运转会对自己的表现造成负面影响。这种紧张感曾经促使你做错某些题、漏做一些题，甚至没能理解某些问题。你环顾四周，心里非常清楚这间教室中的其他人都是自己的竞争对手，在这种焦虑的情绪中，你感到孤立无援。你能隐约看到考试失败可能造成的一系列后果：自己的自我形象会因此受损，未来会因此遭受负面影响，并且在今后面对其他考试时，自己的自信心也将大打折扣。

上述内容仅仅描述了发生在考场里的状况。在考试之前,状况又是怎样的呢?无论你是高中生、大学生还是研究生,可供你彻底理解并记住所考内容的时间是有限的;不仅如此,你还会时不时地感到需要记忆的内容超出了大脑的信息存储量。有时你会开始对所学的知识产生真正的兴趣,想要更深入地了解它们并寻找问题的答案,但遗憾的是,你没有时间享受其中的乐趣。你唯一能做的就是以囫囵吞枣的方式不断地将信息塞进大脑。

当然,即使在备考的过程中,你也不能不管生活中的其他事。你仍需要接电话、遛狗、做家务,并且"偶尔"进餐。之所以强调"偶尔",是因为人们因考试造成的压力而食欲减退的事例屡见不鲜,为此失眠的人更是比比皆是。当然,也有一些人会在考前出现嗜睡的状况。他们认为自己必须在考试中表现出最佳水平,随之而来的紧张情绪使得他们希望从考试乃至外部世界中逃脱,并借此获得一个喘息的机会。在深陷考试焦虑时,尽管你清楚自己曾多次全身而退,但这种认知对现状显得于事无补。每当面对这种压力时,你都感到自己身临绝境,并且每次出现这种情况时,你都认为只有自己身陷苦战——"在其他人看来这很可能是小菜一碟""我永远无法理解这些知识""对别人来讲这并非难事"。随着消极的想法像滚雪球般积少成多,你将彻底陷入恐慌状态。

或许在考试结束时,你终于松了一口气,但这种如释重负的感觉可能只会持续几秒。在离开考场时,大多数人都会因自己在考场上的表现而感到惴惴不安——"我是否正确地理解了第 23 题的题意""我给出的答案是否答非所问"。这种做法毫无意义：因为你不能返回考场，所以这种做法只会徒增自己的无助感。你对自己的考分的评估甚至与实际情况差之千里，这是因为在焦虑情绪的影响下，很少有人能准确地记住自己的答案。

尽管如此，你仍然会在脑海中不断重放自己在考场上的表现，并且徒劳地希望自己能再获得一次机会，以发挥出更高的水平。你向其他人打听他们在考试中的表现，但由于人们倾向于低估或高估自己，因此你迟迟不能准确地把握状况。接下来，你会开始控制损失。你会着手制定策略，以期在下次考试中发挥得更好。你会尝试尽早开始学习，关闭手机，以更加亲和的态度对待老师，改变自己的学习习惯。或许你会向任何一个愿意倾听你的人哭诉自己在考试中的糟糕表现，以获得对方的同情和理解。还有些人在考试后感觉很糟糕，回到家便躲在房间里闭门不出。在与外界隔绝的环境中，他们任凭灾难性的想法如潮水般涌入大脑。他们开始为最糟的结果做准备："我将不得不中途辍学""我对现状束手无策"。

在上面的描述中，是否有一项与你的情况相似？如果有，你便是上千万每天都在经历此类波折的人之一。考试的发展呈现出上升的趋势。考试正稳定且持续不断地覆盖更为广泛的领域，逐渐成为一种更普遍的"选拔"工具——考试既可以决定哪些人能够获得就业机会、晋升机会和各类资格证书，也可以决定哪些人能够升入大学或研究生院。除此之外，考试也被越来越频繁地用于决定人们的薪酬和个人能力，甚至最终将影响你在社会上所处的位置。

为了满足我们的文化中存在的对参加更多考试并取得更优异成绩的偏执，在世界范围内，一项价值数十亿元的产业应运而生。它向人们推销并出售书籍、音频资料、线上资源和一对一的辅导服务，这一切的目的都在于帮助人们为考试做准备。应试已经成为名副其实的增长产业，它的蓬勃发展毋庸置疑。

应试产业帮助人们通过记忆和练习的方式熟悉一门考试。但与此同时，该产业忽略了从最初的学习阶段逐步走向参加考试的完整过程，而正是这一过程更能令人们感到满足，并且使人们感到的能力越来越强。熟悉考试的内容固然是必不可少的工作，然而它难以有效地消除造成压力的根本原因，这些原因包括焦虑、缺乏自信、注意力涣散及绝望感。应试者需要借助符合自身特点的工具来缓解应试过程带给他们的疲惫感和焦虑情绪，这些工具是熟悉考试内容和练习无法提供的。

为什么这一点至关重要？这是因为当你参加考试时，你在考场中的内心感受和你保持踏实且专注的能力将在很大程度上决定你的考试成绩。你需要明白的是，应试体验的质量会直接影响考试的结果。

其中的原因非常简单：压力水平影响表现。这一现象广为人知，在体育运动中尤为明显。运动员需要达到适度水平的压力来为自己提供能量，并在此基础上发挥出最佳水平。然而，当压力水平超过了一定的限度——无论过高还是过低——就会对能力的发挥产生不良影响。这种认识也被称为"最佳功能区"（zone of optimal functioning）理论。

对每个人而言，实现最佳表现所需的压力水平和不会损害健康的压力水平都不尽相同。有些人需要达到极高的兴奋水平才能使自己迅速进入最佳状态，而对其他人而言，这种水平的压力会使其感到心神不宁、精神紧张，并且彻底分散他们的注意力。每个人都有属于自己的最佳功能区，在这一区域中，我们的压力水平处于最合适的状态。在这种状态中，个体获得了适度的刺激，并且因此表现出足够的创造力和活力，能够在理性地解决问题的同时通过自己的表现获得自我满足感。处于这种状态的个体的体内不会分泌过多的肾上腺素，也不会表现得无精打采，因此能够以理想的节奏稳步前行。

本书旨在向你展示找到自己的最佳功能区并保持这种状态的方法。通过阅读书中的案例并进行练习，你将学会如何掌控压力，而不是受制于它。指望自己不会在考试中产生任何压力是不现实的。正因如此，你才需要了解如何将压力控制在最佳水平，以便从中获得能量并保持巅峰状态，而不是被它折磨得筋疲力尽，甚至最终一败涂地。

耶克斯－多德森曲线

在心理学领域，压力与表现之间的关系得到了最充分的研究。一百多年前，有两位心理学家率先研究了这种现象，并提出了"耶克斯－多德森曲线"（Yerkes-Dodson Curve），该曲线如图 1-1 所示。

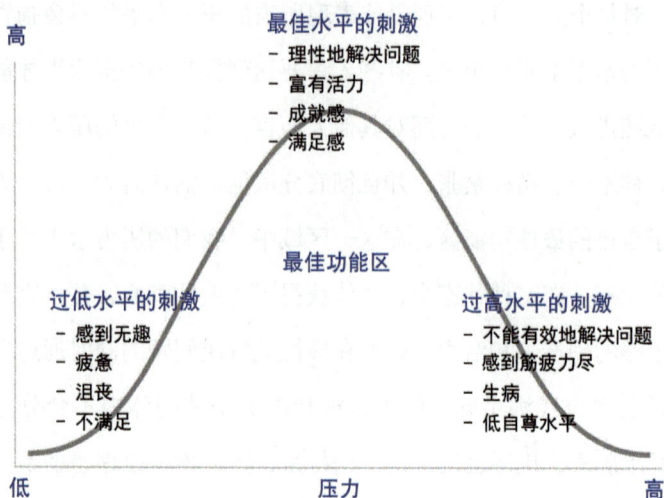

最佳水平的刺激
－ 理性地解决问题
－ 富有活力
－ 成就感
－ 满足感

高

最佳功能区

过低水平的刺激
－ 感到无趣
－ 疲惫
－ 沮丧
－ 不满足

过高水平的刺激
－ 不能有效地解决问题
－ 感到筋疲力尽
－ 生病
－ 低自尊水平

低　　　　　　　　　压力　　　　　　　　高

图 1-1　耶克斯－多德森曲线

如图 1-1 所示，当压力逐渐达到令你产生不适的水平时，你的效能就会随之降低。过高的压力水平会让你离开"最佳功能区"。在这种状态下你将无法充分发挥自己解决问题的本领，你的自尊水平和自信水平也会随之降低。你难以保持专注，并因此感到紧张，甚至在某些情况下你会感觉身体不适或精疲力竭。此时的你急躁易怒，难以控制自己的情绪，你的表现也将一落千丈。无论你是在表演戏剧、参加棒球比赛，还是发表演讲，压力和表现之间都存在这样的关系，并且在你必须面对的每一场考试中，压力和表现之间的相互作用都会对你产生影响。考试就是一种表现。对多数人来讲，"表现"一词通常被用来描述个体在舞台或运动场上发挥自己的水平，然而这个词的内涵不局限于此。表现是指"为完成某事而实施的行为，即执行或采取行动"。学术类考试正是如此：它不仅包括学习相关资料的过程，也是运用、展现并证明所学内容的行为。表现还包括学会如何在考试的此时此刻做到全身心地投入。对一场考试来讲，重要的不是你在此前或此后取得的优异成绩，而是你在此时此刻有怎样的表现。在当下表现出最佳水平，对运动员、舞台演员、外科医生和很多人来讲是众所周知的。此类人群必须在此刻最大限度地发挥自己所学的知识、接受过的训练和积累的经验。

就考试而言，了解与表现并不相同。了解侧重于对内容的理解，而表现则强调如何运用所了解的内容。我所接触到的来访者向我抱怨的主要问题是，尽管他们努力地学习了需要掌握的知识，但仍无法在考场上发挥出相应的水平。在这个问题上，至关重要的一点是你必须在了解相关知识的基础上将其发挥出来。

由于压力会对你的表现产生直接影响，因此你必须学会觉察压力并对其进行控制。在参加考试的过程中，能否将自己体验到的压力控制在无害的水平是决定你能否取得成功的关键。应试产业对此避而不谈，它们的信条是学习更多的知识是提高成绩的唯一途径。然而，仅仅掌握更多知识是不够的，你必须保证表现优异。时至今日，尚不曾有人构想出一个清晰、简单且行之有效的方法来教人们如何做到这一点。

作为一名表现辅导老师，我的工作不是教人们如何记住更多的东西，如何更有效地学习，或者如何强行将更多的知识装进自己的大脑。我的工作是向你展示如何在考试过程中避免任何不利因素影响自己的表现。我关注的重点是处于压力状态下的表现。我将教会你如何识别压力，并且立即使用特定的工具来降低压力水平。这种方法有助于你将状态保持在"最佳功能区"内，并且在每一场考试中表现得更出色。我接触的来访者中包括需要在各个领域中"有所表现"的人。我辅导高中生参加学术能力评估测试，辅导年轻人参加法学院入学考试、医学院入学考试、研究生入学考试和期末考试，辅导博士研究生进行毕业论文答辩，也辅导律师参加律师资格考试。不仅如此，我也为音乐家、运动员和演员提供辅导，他们的表现每天都要经受考验。我还辅导专业的技术人员、医生、律师和护士。除此之外，一些获得过重大奖项的创作者、作家和演员也曾接受过我的辅导。

在与这些来访者合作的过程中，我一次又一次地目睹了压力对个人表现造成的不利影响。与之相反，我也见证过人们跨越自己面前的障碍。其中最令我感动的莫过于我所辅导的一名学生的父母，他们学会了通过降低自己完全不切实际的期待来帮助孩子建立自尊，而不是对其施以压力和打击。最终，我们欣喜地看到这名学生的成绩得到了提升。

当人们向我寻求表现辅导时，我首先考虑的问题是：为了能够有最佳表现他们需要什么？毋庸置疑，他们需要学习与考试科目相关的知识——这是我从未轻视过的重点——但结合个人经验，我认为这仅仅是他们需要做的一个方面。考试的内容在不断地发生变化。

你可能需要参加数学考试、化学考试、历史考试，或者在期末考试到来之时一并应对所有科目的考试。但在千变万化的考试中存在一个不变的常量，它才是所有考试的核心要素，与考试的科目和题目的设置无关，这个常量便是你，即参加考试的个体。无论考试内容如何，参加考试的人都是你。你必须向自己提出下列问题："我能从自身中挖掘哪些有助于自己在所有情境中提升表现的要素？我该如何掌控这一过程？"不幸的是，无论学校的教育系统还是备考用书或相关辅导课程，都没有将你视作应试者。它们仅仅强调学习的对象，而不是学习的主体。通常情况下，主体一词是指需要学习的知识，但在实际的考试情境中，你才是主体。

我之所以说"常量是你"，是因为在你面对的所有考试中，你是确定且始终存在的因素。确定性是指不随外部条件发生改变。它是一种无论遇到怎样的情况都会取得成功的坚定信念，请你试想伴随着这种确定性步入考场会是一种怎样的体验。或许你感觉时间仓促，或许你感到疲劳，又或许你因一心想要取得高分而感到有压力。你可能遇到笔出现问题或忘记在试卷上写自己的姓名。无论面对怎样的挑战，无论你身处怎样的环境，表现辅导老师都能教会你如何保持自我，并且在此基础上发挥出最佳水平。

人生就是一场大的考试

在我写这部分内容的过程中传来了一阵敲门声。来者是一位名叫乔·里佐（Joe Rizzo）的老人，他来为我们修理烟囱。当他问起我谋生的方式时，我坦白地告诉他，我辅导人们参加考试。他摇了摇头并叹息道："人生不易。"他边说边竖起一根手指并在空中晃了晃说："不容易！有付出才有回报。你知道现代社会中存在什么问题吗？人们衣来伸手，饭来张口。他们希望坐享其成。人生中的一切收获都来自奋力拼搏。人生就像一场考试。"

我深以为然，人生正是一场大的考试。

至今我所写的一切内容都围绕着身处考场并在考官的监督下和其他人一起进行的考试。但此刻你或许已经逐渐理解，我所讲的内容同样适用于生活向你发起的一切挑战。在多年的工作实践中，来访者们一致向我表示，我传授给他们的工具不仅有助于提升其考试表现，当他们面对人生这场大的考试时，这些工具同样大有裨益。无论你从事什么样的工作，无论你身处生命旅程的哪个阶段，每天你都要直面新的艰难险阻。你必须克服它们，并且时常背负着取得出色的成果的期待。这正是一场考试，而你能否在此过程中表现优异呢？本书的另一个优点在于，你可以将其中提供的工具活用于人生中的方方面面。

正如在考场中进行的考试内容多种多样，你在人生中面对的考验同样五花八门。你可能需要向他人发出约会的邀请、进行演讲、解雇一名员工，或者主持一场意义重大的集会。如前所述，其中的常量依然是你。你必须在这些场合有所表现。因此，尽管你有可能仅仅是为了应对随堂考试打开这本书，但你同样可以将从中学到的本领应用于更为广阔的世界。这是因为本书中讲授的很多内容既适用于考试又适用于人生。

你是否思索过自己的人生目标是什么？常见的答案包括"成功""快乐"或"满足"。尽管它们都是值得追求的目标，但在我看来，一个人活在这个世界的目的是面对一切挑战且经受住全部的考验，并且在此基础上成为注定的自己。人生这场大考的意义便是帮助你逐步成为最好的自己。

或许你已经注意到，本书的书名并不是《伯恩斯坦博士的魔术口袋》。本书既不会为你提供"大礼帽"，也不会为你提供伴随着咒语轻轻一挥便能一帆风顺地通过考试的魔杖。你仍然需要努力学习并在考试中全神贯注。作为辅导者，我的工作是向你展示要做的事，你的工作是着手将它们付诸实践。对一部分人来讲，做到这一点绝非易事。这不是因为本书的内容晦涩难懂，或者表达方式拐弯抹角。本书中呈现的内容直截了当且一目了然。对这些人来说，问题在于他们没有为解决自己的问题付出努力的意愿。他们指望其他人为自己解决问题，或许这正是他们希望通过阅读本书可以做到的。

经过多年的工作实践，我发现来访者可以分为两类：一类人做好了为改变付出努力的准备，而另一类人则希望一蹴而就地解决问题。在来到我的办公室时，后者经常因为即将到来的考试感到焦虑并对此束手无策。在第一次面谈后，他们心中充满了希望与热情，并且在第二次面谈时饱含激情地表示："这种方法很棒，我懂了。"但几周后，他们会通过电话或邮件向我抱怨："唉，伯恩斯坦博士，我还是感到很紧张！你教给我的练习我一项都没有做。你能不能再告诉我几个妙招？"不错，我确实有很多"锦囊妙计"，但如果他们仍然不愿按计划行事，那么再多的妙计也无济于事。如果你希望取得成果，就必须遵循本书的辅导，这一过程没有捷径。如果你坚持到底，必将收获丰厚的回报。

在面对挑战的过程中，有些人学到了人生中最重要的一课：全身心地投入于当下。你知道抽奖券上印刷的宣传语是什么吗？"到场参与才能胜出。"人生亦是如此。只有全神贯注于当下，我们才能逐渐觉察到自己偏离了航向并重回正轨。在你的一生中，有多少失败是因为你没能到场造成的？

觉察能力与成就密切相关，但觉察并非偶然的灵光一现。在通常情况下，我们的思维会大幅偏离主题，并且从对过去的回想中一跃进入对未来的预期，但却忽视摆在我们眼前的现实。为了培养觉察能力并最大限度地实现自己的潜能，你必须磨砺自己。

作为我们可能讨厌的对象，考试实际上也包含积极的一面。它训练我们对当下所处的状况有所觉察，并且保持冷静、自信和专注。当你学会了如何在紧张的考试情境中掌控自我时，你就会切实地感到自己有能力将这些技巧带出考场，并且将其应用于生活中的方方面面。你将教会自己在面对困难或极具挑战的任务时如何保持坚强，如何对自己负责，以及如何展现出自身的能力。

只要你希望成为一名无往而不利的应试者，并且甘愿为此付出努力，我便会在此过程中自始至终地为你提供辅导。

2
chapter

第 2 章

面对考试时的反应

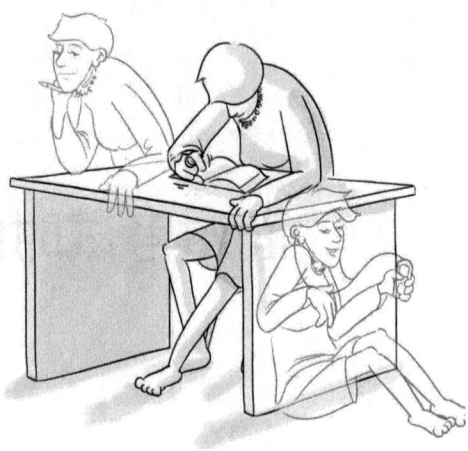

闻"考"色变

当一名来访者来找我咨询时，我首先向他提出的问题是："在面对考试时你认为哪些因素给你造成了压力？"人们给出的回答包括：

需要学习的内容太多了。

时间不够用。

父母给我施加了很大的压力。

我无法在限定的时间内很好地完成学习任务。

我的姐姐是家人眼中聪明的孩子，而我不是。

成绩不好我就上不了好大学。

要学的东西太难了，我无法理解。

生活中有太多其他事情需要我去做。

考试让我紧张。

读过这些观点后，你很可能认为它们基本涵盖了所有的问题。但是，如果我告诉你它们并非问题所在，或者它们之中没有一条是造成考试压力的真正原因，你会有何感想？

我们似乎一致认为考试压力源于紧迫的时间、繁杂的学习内容、过高的期待以及令自己相形见绌的比较对象。我明白在你看来这些不利的状况似乎正是问题的症结，但事实并非如此。这些状况仅仅是应试过程中不可忽视的要素，其中包括时间、学习内容、试题、父母的期待以及基于成绩的奖励或惩罚（获得更多的零花钱或失去奖学金）。在参加考试的过程中，你可能需要应对上述状况中的几种甚至全部，也可能身陷只有你才会遇到的困境。然而它们并不是最关键的问题，这是因为状况自身并不会导致压力。如果压力是状况所致，那么每一个在考试中面对同样状况的人都会做出相同的反应，并且最终在压力面前败下阵来。但是，如你所见，实际情况并非如此。在考试中，很多人都能成功地掌控局面。

我能听到你的心声，此刻你会想："但这些状况确实令我格外紧张。"毫无疑问，考试的确属于压力事件。但我想告诉你的是，关于压力的成因我有一种不同的观点。下面就让我们先来看一看在面对考试时你会采取哪些行动。

很多人告诉我，他们闻"考"色变，但归根结底，"考试"不过是一个词，它不会引发你的不良反应。不仅如此，无论是墙上滴答作响的时钟，试卷上与你面面相觑的选择题，还是坐在教室前方的监考老师，都不会造成你的不良反应。这些因素均属于外部状况，它们不随你的意志改变。并且我们都清楚的一点是，如果你有机会随心所欲地掌控考试，那么这些外部状况都将不复存在。实际上，只要你不因它们心生烦躁，这些状况便不会对你产生影响。反之，当你在意这些状况时，它们便会从外部因素变成内部问题。

无论如何，你都会对外部事件做出反应，并且反应一般是愉快、不愉快或中性。我们将你对外部事件产生的不愉快反应称为压力，因为它会使你拒绝接受所发生的状况。此时，你会产生如下想法："我不喜欢眼前发生的状况""我感觉有问题""我想改变这种状况""我希望这种状况不复存在"。外部事件造成压力反应的最初信号是，你突然感觉难以放松并希望状况发生改变。你无法接受当前发生的状况。如果你认为必须有所改变才能使自己的心情振奋，那么这就说明你进入了压力状态。

　　并非每个人都会对同一事件产生相同的反应。请想象两个人正在参加同一场考试：萨利坐在左侧的座位上，而朱迪坐在右侧。萨利确定自己无法通过考试，她绷紧身体，对自己持有怀疑的态度，并且无法专心解眼前的试题。而坐在旁边的朱迪则保持着冷静、自信和专注的态度，并且按部就班地回答试卷上的题目。

　　很多人会在萨利身上找到共鸣。他们处于紧张的状态，会出现相应的身体反应（头疼、腹痛、脖子发紧等症状），陷入自我怀疑的漩涡，并且难以将注意力集中在试卷上。这种状态最终导致他们无法通过考试，或者取得与自身的能力和付出不相符的成绩。

　　也有一部分人在重压之下仍然取得了不错的成绩，但他们也遭受了不易察觉的伤害。在取得好成绩的同时他们的内心备受煎熬。他们承受着考试带来的极大痛苦与焦虑，却仍然在一次又一次的考试中表现很好。他们不会尝试平复内心的不安，这是因为他们认为这种状况无法改变。在被问及是否有可能改善自己的应试体验时，他们会无奈地耸耸肩并表示："考试就是这样，它令人痛苦。我讨厌考试，但我还能应付。"

由此可见，以萨利为代表的人可以分为两类：一类人在痛苦中走向失败，而另一类人会忍痛取得成功。成功固然令人欣喜，但在取得成功的过程中，人们不必如坐针毡。

现在让我们再来看一看朱迪。从他身上看到自己的影子的人不会在考试中感到焦虑不安，他们有办法保持冷静，他们相信自己，并且有能力专注于当前的考试。任何因素——无论是参加考试这件事本身，还是必须在规定的时间内完成考试的内容，抑或他们被寄予的厚望——都不会触发他们不愉快的反应。他们能够一帆风顺地取得优异的成绩。

在这里，我们要提出一个至关重要的问题：在考试时，你的哪些行为给自己造成了如此强烈的压力反应？

三种基本压力反应

如果你为考试所累，那么你很有可能做出了下列三种行为中的一种或多种：

- 绷紧自己的身体；
- 对自身及自己的表现做出了消极的评价；
- 在学习或考试的过程中做或想其他事情。

在上一章中，我曾提到压力是一种心理负担或苛求。当你绷紧身体、对自己的表现做出消极评价，或者无法专注地完成手头的任务时，你就是在强迫自己背负不必要的压力、心理负担或苛求。在这种状态下，你会感觉自己正在接受惩罚或受到了威胁。与此同时，你可能感到疲惫不堪、坐立不安，甚至表现得惊慌失措。紧张的身体、消极的观念和令你分心的事物都是你给自己设置的障碍，它们会对你的表现造成消极的影响。换言之，令考试变得更加难以应付的正是你自己。

为了进一步理解上述内容，让我们来了解一下麦克的事例。麦克是一名大学二年级的学生，他在考试方面遇到了诸多困难。在这里，我们要进行一项名为"看情境找问题"的游戏。请你在脑海中描绘麦克在下列情境中的行动，并且尝试理解他的哪些感受、想法和行为给自己造成了各种问题。

表 2-1 列出了麦克所采取的一系列行为。在每个阶段，麦克都做出了会对考试表现造成不利影响的行为。你能识别出这些行为吗？在你阅读左栏的情境的同时，请盖住右栏。在弄清"问题何在"后，你可以对照右栏的内容来判断自己的理解是否正确。

表 2-1　麦克的一系列行为

情境	问题何在
1. 麦克正坐在教室里听老师讲课。老师宣布："我们下周五将进行考试。"麦克暗自惊呼："天哪，考试之前我肯定复习不完。"	1. 麦克陷入了消极的思维模式。消极思考会触发自证预言。麦克很可能无法在考试开始前充分地复习

（续表）

情境	问题何在
2. 麦克在图书馆，他把书和笔记本胡乱堆在桌上，用手机和好友相谈甚欢	2. 麦克没能保持专注。他本该专心学习，却因为用手机与好友聊天而分散了注意力
3. 深夜，麦克正在家里试图喝下一大杯咖啡。他的眼睛下方出现了大大的黑眼圈。他的书和模拟试卷散落在地上	3. 麦克没有在备考的过程中照顾好自己的身体。他喝了太多咖啡，并且缺乏睡眠。疲惫的身体不足以支撑他复习并参加考试。糟糕的生活习惯正在逐渐将麦克拖垮
4. 深夜，麦克瘫倒在桌子上，他陷入了绝望。"我一点也不记得学过的内容了，我不擅长学习。"	4. 麦克正在逐渐丧失自信。消极的思维模式降低了他的自尊水平，同时分散了他的注意力
5. 现在麦克坐在考场上。他的面前放着试卷，但他却盯着天花板。"考试一结束我就要去海边。今天的海浪应该很不错。"	5. 麦克的思维因思考其他事而变得涣散。他没有专心解答试题，而是在想与考试无关的事。他没有全身心地投入于当下的考试
6. 麦克将铅笔悬在手中，正准备勾选一道选择题的答案，但他的脑海中却想象着自己站在一栋高楼的窗边，准备一跃而下。"我的人生结束了。我考不上大学了。我只能去快餐店打零工。"	6. 麦克的恐慌变成了灾难性的思考。消极的思维模式在他的大脑中占据了主导地位。他一动不动地呆坐在原地。考试结束了，他的成绩一塌糊涂

考试不一定会成为梦魇，但麦克却亲手将自己推向痛苦的深渊。为了避免出现类似的状况，你要做的第一步是认识到你正在不断地给自己制造问题。在此基础上，你便可以发现这些问题并学习解决的方法。

身体、思维和精神

麦克的全部行为都可以被归类到下述三种基本的压力反应中：

　1. 绷紧身体；

　2. 消极地思考问题；

　3. 在学习或考试的过程中做或想其他事情。

这些行为有哪些共同点？一言以蔽之，它们都会令你在考试时心不在焉。我将这种影响称为断连。它既是令麦克痛苦的元凶，也是对你的考试表现造成负面影响的罪魁祸首。

请围绕"断连"一词进行思考。你的脑海中会浮现出怎样的情景？我会想到以下画面：断线的电话、从插座中被拔出的插头、从汽车上飞落的车轮。断连会造成中断、不和谐与混乱的状态。如果当你用手机与他人交谈时，电话的另一端突然没有声音了，那么你们之间的沟通就会随之断开。如果你在夜读的过程中有人无意间碰掉了灯的插头，那么你的眼前就会变得一片漆黑。如果在你放洗澡水的过程中水管发生破裂，那么水流也将戛然而止。每当断连发生时，都会有事物随之停止运转。

现在，让我们来看一看当你与自己发生断连时，你的内部世界会发生什么。这将是一种怎样的状况？它又会带给你怎样的感受？

你必须理解自己是一个完整的人，是由包括身体、思维和精神这三个相互关联的系统共同组成的整体。既然断连意味着分离，那么发生在个体内部的断连就意味着身体、思维与精神这三者之间互相发生了分离，或者你与这三个系统中的一个或多个断开了联结。

例如，在面对考试时，你或许会绷紧身体，或许会对考试心生畏惧并告诉自己无力应对，或许会发现自己无法集中精力思考问题。你希望逃离考场，避开考试，这便是断连。它的发生伴随着明确的目的，是一种应对困难情境的方式。你希望从中抽身离去！

这种状况为何会引发压力，又是如何引发压力的呢？为了探究这些问题的答案，我们需要借助觉察能力这面放大镜对我们的身体、思维和精神进行检查。

身体

身体是一个容器，它承载着你的骨骼、血管、内脏、肌肉和筋膜。为了在运转的过程中最大限度地发挥自己的功能，身体需要源源不断的养分、适量的锻炼、充足的休息以及一定程度的护理（如洗澡）。在与自己的身体发生断连时，你便与它发生了分离。在某种程度上，你将身体弃之不顾，对自己的身体状况缺少觉察，或者不再满足身体的需要。你养成糟糕的饮食习惯，甚至忽略饮食，同时缺乏运动，并且只在时间允许的情况下补充睡眠。

以这样的方式对待自己的身体意味着，你没有悉心照料承载自己的容器。如果你强迫耗光能量的身体继续工作，那么它就会出现故障。即使身体的各项机能不会完全停止运转，但它的工作效率会大打折扣。最终，你会感到疲劳、不适、焦虑和抑郁。这一切都源于你对自己的身体失去了觉察，并且忽视了它对你的思维和精神产生的根本影响。很多人认为考试仅仅需要思维活动的参与，然而实际情况并非如此。我们的整个身体都经历了这一过程，并且一旦身体不能有效地工作，另外两个系统也将随之受到影响。

贾思敏的事例可以很好地说明这种现象。她是一名聪明伶俐的高三学生，学习成绩优异。尽管拥有出色的头脑和学习能力，但她在学术能力评估测试中却始终无法取得高分，这显然与她的真正实力不相符。在我们进行第一次会面前，她的妈妈通过电话告诉我："贾思敏只要一听到'考试'这个词就会全身僵硬。"在我与贾思敏及其父母会面的过程中，我确实注意到每当有人提及这个词语时，贾思敏都会立刻屏住呼吸。在多次重复这一行为后，她的焦虑水平也随之上升。此时，我询问贾思敏是否注意到自己总是做出屏住呼吸的举动。

"没有。"她回答道，"这很重要吗？"

对于这个问题，我给出了如下解释："当你听到'考试'这个词并屏住呼吸时，你便和自己的身体发生了断连。人体离不开氧气，但在你屏住呼吸时，你没有为身体提供它所需的氧气。你的大脑随即提高了警惕。刹那间铃声大作，警灯亮起，你仿佛看到眼前出现的一盏霓虹灯上闪烁着两个大字——危险！"

通过他们的叙述，我了解到贾思敏和她的父母都认为她的压力源于听到"考试"一词。很多读者恐怕也持有这一观点。但请你记住，"考试"仅仅是一个词语。它是一种外部刺激，是一种诱因，但它不会带来压力。贾思敏体验到的压力来源于她对这个词做出的反应——屏住呼吸。她拔掉了插头并切断了能源，即氧气的供给。只有获得充足的氧气，人们才能保持冷静，而贾思敏恰恰切断了自己与这一基本元素之间的联结，也就是切断了自己的补给线。

人体需要保持健康和完整的状态，实现这一点的基础是进行良好而稳定的呼吸。在与自己的身体发生断连时，我们破坏了这种完整性，并使自己的整个身体系统处于不和谐的状态。为什么这种状态会带来压力？这是因为在屏住呼吸的同时，你的身体便背上了负担。你的大脑缺少生存所必需的氧气，你的心跳因此加速，你的兴奋水平也随之上升。面对危险，你的体内开始分泌一种名为糖皮质激素的化学物质，它会提升神经系统的觉醒水平。此时，你的身体便进入了压力状态。即使你没有意识到它的发生，也会在主观上有所感受。在贾思敏的事例中，屏住呼吸这一行为引发了断连。在第4章中，我们将探究人们与自己的身体产生分离的其他方式，以及它们如何给人们带来压力。

思维

思维是一个很宽泛的概念，它包含我们的全部意识、感知、思想和信仰。思维的日常活动之一是通过各种观念与自己进行交流。实际上，当我们处于清醒状态时，思维无时无刻不在进行这种活动。它就像一条没有"关闭"键的广播热线。每个人的大脑中都存在一个喋喋不休的人，他会对我们看到、想到和感受到的一切发表议论。

"这是绿色的，那个东西真大。""她真风趣，他可不招人喜欢。""他们不喜欢我。谁在乎呢？我在乎。"诸如此类，永无止境。这些评论既针对自己，也指向他人，但在本书中，我们将重点关注你如何对自己做出评价，因为在考试中帮助或阻碍你的正是思维中的这一部分。归根结底，你需要在考试中有所表现，而你的思维会在某种程度上为你提供支持或阻碍你。你希望它将你推向巅峰，还是把你拖入谷底？

杰克是一名刚刚毕业的医学院学生，在连续两次未能通过职业医师资格考试后，他希望我为他的表现进行辅导。杰克向我抱怨道："考试太难了。无论我怎么学，都无法学完所有考试内容。一想到考试，我就感觉自己掉进了一个无底洞。我尝试加倍努力，但说心里话，我不认为自己是这块料。我永远也不可能通过这项考试。"

杰克的内心对话都是消极的观念——"我学不完要考的所有内容。我不是这块料。"令他紧张的并不是大量的考试内容或者曾经在考试中失败的经历。这些问题可能是诱因，并且确实影响了他在考试中的表现——但并不是它们造成了杰克的压力。杰克的压力源是他不断给自己灌输的信息，而这些信息正是他的思维一手炮制的。

为什么这些信息会让人感到有压力？在你不断告诉自己不够优秀且永远都不会成功的过程中，你逐渐瓦解了自己的内部支持系统。在数学语言中，"消极"一词意味着减少、使成为负数、从中减去。消极的自我评价恰恰发挥着类似的作用。它们会在关键时刻釜底抽薪：当你身处考场并需要最大限度地发挥自己的实力时，消极的自我评价会将内部支持从你的身边撤走。当你以这种方式与自己的思维发生断连时，你便抛弃了对自己的信念，换言之，你背叛了自己。在激战正酣之时你选择了停止抵抗，并且远离战场。此时，你需要的是积极的自我肯定，但你得到的评价却与之截然相反。

这类消极的信息所反映的并非真相。此类表述带有危言耸听且夸大其词的倾向，是对事实的曲解。"我不会成功。""我不能参加考试。""我不是这块料。"尽管每个人都可以进行有益于身心的自我批评，但这些过分夸张的表述明显歪曲了真实情况。它们在向你暗示你存在问题，你不够完美，你是一个不折不扣的失败者，以及你可以选择放弃。这些暗示没有一条经得起考验（你难道不是历尽艰辛却仍然一路走来吗）。歪曲事实是我们与自己的思维发生断连的方式之一。我们对自己做出极为消极的评价并想象最坏的结果，在此基础上，我们自然希望逃之夭夭。

当你向自己灌输消极的信息时，你的思维便成了你的敌人而非援手。当缺少了这一重要支持系统的帮助的，你只能孤身面对一切压力。此时，你的思维会不断地向你输送消极的评价与场景：你看到自己没能通过考试；你听到父母对你大喊大叫，或者注意到他们脸上的失望之色；你想象同学们带着成功的喜悦一个接一个地从你的身边跑过，在奔向辉煌的职业生涯的同时将你远远地甩在身后。当人们以这样的方式斥责自己时，他们恐惧的究竟是什么呢？他们害怕自己出丑，他们会不惜一切代价避免这种可能。

一旦这种消极的思维过程开始"滚雪球"，你就极有可能在考试中失败。不仅如此，这一结果还会反过来为你的下一次失败奠定基础，并且形成一个恶性循环。在第 5 章中，我会详细解释你的思维是如何陷入这种状况的，并为你提供改变这种状况的工具。

精神

"精神"是一个内涵丰富的词语，但人们经常对它的意思产生误解。

作为一名研究表现的心理学家，我对"精神"一词有不同的理解。在本书中，我所讲的精神具有引导我们成为在生活中应该要成为的人的作用。对我而言，它是最高层次的自我，在其引导下，我成了心理学家，我的妻子成了作家，我的大学室友成了牧师，而我的邻居成了尽心尽责的母亲。精神定义了我们的真正目标，并鞭策我们追求这一目标，在我们采取与目标一致的行动时为我们提供支持。当你与自己的精神建立联结时，你的行动便会引领你实现自己的目标。当你与自己的精神发生断连时，你的行动将误导你偏离目标，甚至你将无法树立对自己而言有重要意义的目标。与精神的断连将分散人们的注意力。

劳拉是一位能力突出的生物学家，她需要面对的是与前文中提到的案例不尽相同的考验。她正在进行一项研究，并且需要在即将到来的截止日期前提交一份经费申请报告。当面对这种情况时，她遇到了问题："每天醒来时，我很清楚自己需要完成哪些任务。但到办公室后，我并没有着手工作，而是开始查看邮件。以此为开端，情况开始急转直下，我会接打电话、赴约、吃午饭、锻炼身体。等我回过神来，已经到下班的时间了，但与研究项目相关的工作我却一项也没有完成。"

　　如今，邮件、语音信息和短信已经成为我们每天不得不处理的小任务，但并不是它们让劳拉感到有压力。在处理这些任务的同时，劳拉认为是这些令她心烦意乱的干扰因素偷走了自己的时间，实际上，正是劳拉本人允许自己将注意力从真正的目标上转移开来。例如，有些人会规定自己每天用 15 分钟的时间查看邮件。他们用这种方式防止其他任务对重要的工作造成干扰。而劳拉没能做到这一点，她为此付出了怎样的代价呢？她与自己的精神发生了脱节，而正是精神推动着她成为一名杰出的生物学家、完成科学研究并争取一笔有助于自己做进一步研究的经费。因此，劳拉失去了前进的动力。

　　你的精神状态是否良好取决于你能否坚持为实现最高层次的自我制定的目标而采取行动。当你放弃坚持，不再为目标提供驱动力，你便亲手制造了压力。你需要记住的是，压力会使你感觉存在问题，并且只要问题没有得到解决，你就会一直坐立不安。因此，对劳拉而言，越是被无关紧要的任务占据时间和精力，她就越感到焦虑。不断积累的工作压得劳拉喘不过气来，并且她很清楚自己正在浪费时间。分心于其他事务是与精神发生断连的标志之一，它所造成的压力将令你的表现大打折扣。我们将在第 6 章讨论这种现象的原理。

　　在考试的过程中出现断连会令你产生逃避考试的想法："我不想

待在这里，只要能离开考场，让我去哪里都行。"但问题在于，如果你希望实现重要且能够为自己和他人的生活贡献价值的目标，那么你就必须留在考场。因此，在必须参加考试的前提下，你可能会选择放弃抵抗，并且呆坐在考场中。这就是所谓的"心不在焉"。想方设法逃避考试的努力使应试过程成了一种令你深感厌恶和抵触的体验。但考试不会就此消失。或许你认为，既然不能实际从考试中抽身，那么至少可以选择在精神层面逃避考试。但以这种方式与自己发生断连对你毫无益处。不仅如此，你越是试图与自己的精神断开联结，你的压力水平就会越高。在此基础上，你会感觉越来越糟，在考试中的表现也会更糟。

案例分析

下面我将分享一位来访者的故事。这个故事可以清楚地呈现出断连如何对身体、思维和精神产生影响。某位心理学家将一名长期接受其咨询的来访者转介给了我。这位来访者名叫玛丽安，是一位45 岁的女性临床社会工作者。她所面对的是职业资格考试，在转介前，她已经在该项考试中连续失败了两次。在与我会面时，她非常惧怕自己将重蹈覆辙。两次考试失败的经历给玛丽安造成了巨大的打击，她表示，如果这次仍然不能通过考试，那么她就放弃现在从事的职业并寻找一份新的工作。这位女性的特征与我们对失败者的定义格格不入。她持有两种本科以上水平的学位，既聪明又能干，并且拥有长达 15 年的社会工作经验。

对前两次参加职业资格考试的经历，玛丽安进行了如下的描述：

我对第一次考试的过程没有任何印象。我只记得自己走进了考场，之后的经历对我来讲是恍惚的。第二次考试虽然情况稍有好转，但也不过是五十步笑百步。我记得自己在考场中僵硬得像个木头人。看着考试卷，我心想：我应付不了这场考试，我连一道题都做不对。我发现自己既无法思考问题的答案，也回忆不起自己学过的任何内容。我唯一的想法就是逃离考场。

让我们来分析一下玛丽安的故事。在表 2-2 中，左侧一栏列出了她叙述的内容，而针对她所经历的断连进行的分析呈现在右侧一栏。

表 2-2　对玛丽安的故事进行分析

玛丽安的描述	分析
"我僵硬得像个木头人。"	身体层面的断连
"我连一道题都做不对。"	思维层面的断连
"我唯一的想法就是逃离考场。"	精神层面的断连

在玛丽安来找我咨询的过程中，她学会了迅速地觉察自己与身体、思维或精神发生断连的迹象。她掌握了我将在本书中提供给你的各种工具，并且努力做到学以致用。尽管如此，她的状况对我来说仍然是一个挑战，并且对她自己也是一个考验。在考试前，她曾两次感到极度不适，自信水平随之大幅下降，同时还承受着身体上的紧张，但她始终没有放弃。她坚持依照我的辅导行事，并且拒绝

因恐惧和焦虑停下脚步。在考试当天，她昂首阔步地走进考场并完成了考试。

最后，她成功地通过了考试！

为了实现这一结果，玛丽安采取了哪些行动？她是如何克服障碍并在考试中化险为夷的？玛丽安依靠的并非魔法，她只是培养出了在与自己的身体、思维和精神发生断连的瞬间对其有所觉察的能力，并且在此基础上应用工具与这三个系统建立了新的联结。面对考试，玛丽安没有选择逃避，而是努力维系着联结。通过这种方式，她有效地降低了自己的压力水平，为自己在考试中的表现带来了积极的影响。

在下一章中，我们会关注断连发生的方式。为了提高考试成绩，你首先要迈出的重要一步是进行自我分析。

3
chapter

适用于所有考试的模型

高分者的三种特质

请你想象这样一种景象：你走进一间教室，准备参加考试。你周围的人显得坐立不安，表情中透露着紧张，其中有些人在啃指甲，还有些人在咬铅笔。而你在座位上伸了伸腿，并且默默地告诉自己：我准备好了。你打开试卷并开始解答第一题，接着是第二题、第三题。第四题令你感到有些棘手，但你仍然保持着放松的心态，因为你坚信自己有办法坚持到最后，你能解出这道题。你没有畏首畏尾地试探，而是选择主动出击并征服考试。

你或许认为上述图景纯属痴人说梦，其实经过学习，你也可以做到。

将上述图景变为现实的秘诀是减少你的身体、思维和精神所体验到的压力，并且在整场考试中将其维持在最佳水平。请想一想有哪些因素令你在考试中心不在焉。首先，你是否在考场中僵硬得像一块石头，或者躁动得像一颗上蹿下跳的墨西哥跳豆？这两种表现都说明你的身体不够冷静。只有让身体保持安静且不急不躁的状态，你才能长时间安稳地坐在考场中答题。其次，你的思维不断地发出的警示信息会逐渐蚕食你的自信。面对难题，告诉自己距离失败仅有一步之遥既不能激发你的勇气，也不会帮助你提升考试表现。最后，如果你的精神不能保持集中甚至选择逃避，那么你就会在考试中陷入孤立无援的窘境。这样，你便难以自始至终地专注于眼前的考试并获得必要的鼓舞。无论你是否愿意，都必须参加考试。一心想要逃离考场的态度会令你无法将注意力集中于考试。实际上，你越是希望考试尽快结束，就越容易分心。这种态度会阻碍你在规定的时间内解答试题，进而提高你的压力水平。

请记住我在前文中讲过的：压力并非源于你所经历的外部事件，而是源自你对事件做出的内部反应。为了缓解身体的紧张，不再向自己灌输消极信息，并且重整支离破碎的注意力，你需要重新与自己建立联结。这种方法可以有效地降低你的压力水平。无论遇到怎样的艰难险阻，你都可以借助这种方法使自己专心于考试并发挥出最佳水平。

无论你要面对的是历史小测验还是博士论文答辩，确保你稳步走向成功的关键都是学会保持冷静、自信和专注。在考试中取得高分的人大多具有这三种特质。为了争取成功，他们调动了一切内部力量。

在考试的过程中，你的身体、思维和精神必须成为一个通力合作的整体。它们是你的团队，在向目标发起冲击时，团队中的每一名成员都必须贡献自己的力量，否则整个团队便会被逐渐拖垮。

你的身体、思维和精神组成了一个团队。无论其中的哪一名成员缺席比赛或表现得不尽如人意，你都无法最大限度地发挥自己的潜能。但如果它们能够并肩协作且各尽其能，那么你就会取得成功。为了在考试中进入最佳功能区，团队中的每名成员都必须全身心地投入，与任何一名成员发生断连都会令整个团队付出的努力付之东流。

一旦掌握了与团队中的三名成员进行合作的方法，你就能够在团队中发生断连时立即有所觉察。更重要的是，你还会了解到如何重新找回自己在考试中的状态，以保证出色的临场表现。一言以蔽之，成功的秘诀就是保持紧密的联结，这样，团队成员便可以共同增强彼此的实力。在接下来的三章中，我将分别讲解如何在每场考试中与自己的身体、思维和精神保持联结。

或许你在想，做到这一点是否就高枕无忧了呢？如果我能保持冷静、自信和专注，那么我是不是就能跳过学习的过程，不费吹灰之力就能通过每一场考试呢？答案显然是否定的。如果你希望在考试中取得成功，就必须认真学习并牢牢地掌握与之相关的知识。然而，学习和备考的方式同样会对你的考试表现造成直接影响。如果你在学习的过程中绷紧身体，向自己灌输消极信息，或者没有专注于长远的目标，那么你备考的效果便会大打折扣，想在考场上取得高分更是天方夜谭。当你在为一场体育竞赛进行准备时，如果团队中的某名成员在训练的过程中经常缺席，那么你的团队是否还能赢得比赛？答案是否定的。直到比赛开始前的那一刻，每个团队都会统一进行系统的训练。你也可以像他们一样对自己的身体、思维和精神进行训练，以保证这三者从开始学习的那一刻起直到解出试卷上的最后一道题为止，始终通力协作。成功并非一蹴而就，它是你自始至终一步一个脚印地走过的轨迹。

三脚凳模型

保持冷静、自信和专注有助于你将它们整合为一个富有活力且强大的统一体，这三个元素浑然天成，三位一体。三位一体是一种强有力的组织形式。在音乐领域中，它是组成和弦的基本方式。在几何学中，由三条边组成的三角形是最稳固的结构。

如果你希望提升自己的表现，就需要让身体保持冷静，让思维保持自信，让精神保持专注。为了向我的来访者解释这一理念，我会向他们展示一把三脚凳。

三脚凳是人类有史以来制造出的稳固、结实且耐用的物品之一，它所采用的结构经历了漫长岁月的考验。请你想象一把三脚凳，它的每一条腿代表你的一个组成部分。一条腿是你的身体，一条腿是你的思维，还有一条腿是你的精神。这三个要素构成了完整的你。它们都是"你"这个统一的结构中的一部分（见图 3-1）。

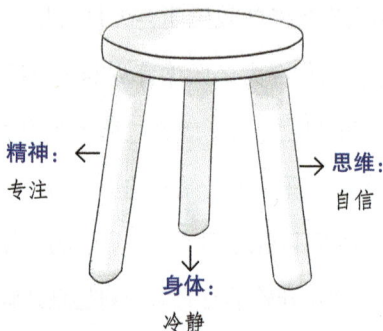

精神：
专注

思维：
自信

身体：
冷静

图 3-1　三脚凳模型示意图

　　除此之外，三脚凳的每一条腿也代表对减少压力与提升表现而言必不可少的一种特质。

　　三脚凳的三条腿具有同等的强度，所以它格外结实，甚至足以承受一头幼年大象的体重。同理，强健而稳定的身体、思维和精神会成为承载你的最佳表现的坚实的平台。这三部分——你的团队成员——各司其职，共同保证了主体的完整性，并且在此基础上帮助主体发挥全部的潜能。

　　在你的一生中，会充满很多必须面对的挑战，为了成功应对这些挑战，你需要为自己奠定坚实的基础。如果你希望横渡大洋，就需要一艘经得起狂风暴雨的船。如果你打算野营，就需要一顶能够抵御风寒的帐篷。而在一场考试中，当遇到难题时，你需要依靠自己的内部系统来渡过难关。你需要相信无论在考试中遇到任何艰难险阻，"内部团队"都是自己可靠的伙伴。由身体、思维和精神共同打造的坚实基础将成为你的三脚凳，它会作为平台为你提供支持。

　　然而，如果三脚凳的一条腿较弱或较短，情况又会如何呢？此时，这把三脚凳会不停地摇晃并失去稳定性。如果三条腿中的一条腿较弱或较短，那么另外两条腿就要承受额外的压力，这将给整个系统造成负担。如果一头小象试图站在一把瘸腿的三脚凳上，那么这个凳子势必会被压垮，而小象也会四脚朝天地摔倒在地。你的三脚凳的三条腿必须各司其职，并且保持同等的强度，如果其中一条腿的强度不足，那么另外两条腿必将受到牵连。艾莉西亚的故事很好地说明了这一点。

艾莉西亚是一名正在申请医学院研究生的大四学生，即将参加医学院入学考试。尽管在考试的过程中艾莉西亚通常能保持冷静且自信的状态，但在准备考试的过程中，她发现自己经常因其他事分心。她会丢下课本去参加聚会，也会将需要认真对待的往年试题抛在脑后而沉迷于深夜的电视节目。在考试方面，她惯有的行为模式是在最后时刻临阵磨枪，以便在走进考场时心里有一点底气，而不是拥有十足的把握。然而，这种不完善的备考策略显然不足以应付医学院入学考试。这项考试不仅涵盖的知识范围广，而且事关重大，需要应试者在备考的过程中长时间保持专注。随着考试的临近，艾莉西亚的紧张程度与日俱增。她曾经深信即使考试之前自己不认真复习，也能顺利地通过任何一门考试，但现在，她的信念动摇了。面对严重缺乏准备的事实，艾莉西亚的自信土崩瓦解，她随之陷入了焦躁不安的状态。

在艾莉西亚的三脚凳中，强度不足的那条腿是专注，即精神，它对另外两条腿也产生了消极的影响。在考试当天，她的整个系统陷入了混乱。她的焦虑引发了相应的身体反应，同时她缺乏自信。不能专注于学习成为艾莉西亚的弱点，这个弱点是她的思维和身体无法克服的。换言之，最弱的一条腿削弱了另外两条腿的强度。三脚凳难以仅靠一条腿或两条腿保持稳定。为了通过医学院入学考试，艾莉西亚必须在自己不曾认真对待的环节上倾尽全力。

令人欣慰的是，这一过程是动态的：无论对其中的哪一个组成部分进行强化，另外两个部分也都会随之得到增强。艾莉西亚第一次参加医学院入学考试的成绩惨不忍睹，为了避免重蹈覆辙，她向我寻求辅导。我们明确了她需要努力提升自己的专注度，并且她掌握了做到这一点的方法：她制订了学习计划，为自己设立了具体的目标，在每次达成目标后给自己一定的奖励。除此之外，她每天都提醒自己在这次考试中取得高分的重要性。如果她的考试成绩不理想，就将被迫选择从事其他职业。这一现实为年轻的艾莉西亚提供了强大的动力。为了让自己的行动与目标相符，她更加努力。在这一过程中艾莉西亚发现，随着最弱的一条腿得到强化，她的三脚凳的另外两条腿也相应地发生了变化。在第二次参加考试时，她的状态更放松，这更加坚定了她对自己的信念。她的成绩得到了大幅提高，并且顺利地考入医学院。

在表现不佳时，你通常会备受打击（尤其在你的表现远远低于预期水平时），并因此无法迅速地识别出是哪条腿出现了问题。然而，三位一体结构最美妙的地方在于，其中的每一部分都与其他两部分紧密相连。因此，无论从哪一条腿入手，你都能很快地和另外两条腿建立联结。它不同于阶层式的组织形式，你可以从任意一处入手，而不必按顺序从 A 出发移动到 B，再从 B 前进到 C。你只需从自己能够改善的环节开始，之后过渡到其他环节即可。尽管我将这一范式称为"冷静、自信和专注"，但这并不意味着你必须按照这一顺序进行。

你拥有一把怎样的三脚凳？为了帮助你掌握自己的状况，我设计了一项用于自我诊断的工具。"伯恩斯坦表现量表"（Bernstein Performance Inventory，BPI）将帮助你探究在大多数考试情境中，你最强和最弱的分别是"哪条腿"。BPI 包含 9 个问题，只需 5 分钟便可完成（见表 3-1）。通过这项自我诊断，你将发现是哪个组成部分始终在拖你的后腿。在此基础上，你便可以识别出自己的问题出在哪里，以及自己应该对哪一方面多加关注。

表 3-1　伯恩斯坦表现量表（BPI）

请回想最近一次你必须在某个特定的时间和地点有所表现的情境。对你来说，这个情境存在一定困难或富有挑战性。它可能是一场考试、在教练面前学习滑雪，或者第一次在观众面前唱歌。

请在大脑中描绘该事件的细节，并且尽可能清晰地回忆起当时的情况。在此过程中发生了哪些事？你感觉如何？请你在记事本中简单地描述你需要在怎样的场合下有所表现（如考大学、研究生入学考试、期末考试、音乐选拔比赛或体育竞赛等）以及你当时的感受。

下面你将看到 9 句话，每句话右侧都有从 0 到 3 的数字，用以表示你在该情境下的感受。请阅读每一句话并选择与你的情况相符的数字。

考试前

	完全不符	有点符合	比较符合	非常符合
1. 我感到冷静且放松	0	1	2	3
2. 我对自己的能力充满自信	0	1	2	3
3. 我有能力集中于任务并完成自己需要做的事	0	1	2	3

考试中

	完全不符	有点符合	比较符合	非常符合
4. 我自始至终保持冷静	0	1	2	3

（续表）

	完全不符	有点符合	比较符合	非常符合
5. 在考试过程中我始终保持自信	0	1	2	3
6. 在考试过程中我始终保持专注	0	1	2	3
7. 在感觉紧张时，我知道如何冷静下来	0	1	2	3
8. 在感到灰心时，我有能力重拾自信	0	1	2	3
9. 在注意力分散时，我有办法重回正轨	0	1	2	3

计算你的 BPI 得分

请按如下方式对你记录的数字进行累加，以计算总分。

冷静：第 1、4、7 项的得分总和。

自信：第 2、5、8 项的得分总和。

专注：第 3、6、9 项的得分总和。

　　在累加得到总分后，请在你的记事本中绘制与下图相同的图，并将你的分数填入图中相应的圆圈中。

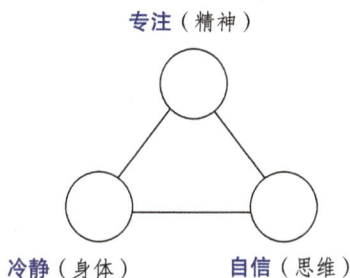

专注（精神）

冷静（身体）　　　　**自信**（思维）

找到你的强项和弱项

如你所见，上图看起来正像一把三脚凳。通过比较圆圈中的数字，你可以了解自己的强项和弱项。你在每条腿上能获得的最高得分是 9 分，这就意味着只要某条腿的得分低于 9 分，你就有必要对它进行强化。

下面让我们仔细研究一名来访者的案例。结合这个案例，我将向你解释如何对你的 BPI 得分进行解读，以及你可以相应地展开哪些行动。

山姆是一名高三学生，他在历史考试中的表现不尽如人意。他的 BPI 得分如下：冷静 2 分；自信 4 分；专注 7 分。这些数字为我们提供了与山姆有关的哪些信息？显而易见，他的三脚凳中最强的一条腿是专注，最弱的一条腿是冷静，而自信介于二者之间。下面是山姆的自述。

我不是天才，但总体来说我是一名好学生。我的意思是说，我熟练地掌握了所学的知识，并且在学习上从不偷懒。我按时完成并上交作业，在这一点上我做得比班里的大多数同学都好。不仅如此，在考试之前，我从不临阵磨枪。但是，和其他考试不同的是，在历史考试前，有时候甚至是在考试的过程中，我的脑海中会出现一些骇人的想法，如"你完全没有能力应付这门考试""要复习的内容太多了"。尽管诸如此类的想法令我感到心烦意乱，但它们不会对我的备考造成实质性的干扰。真正对我产生影响的是我的紧张情绪。我会感觉心跳加速，手脚软弱无力，胃里翻江倒海，有时甚至喘不上气来。这些症状是我无法忽视的。它们通常出现在考试开始前的那一刻，严重时会持续整场考试。在躯体症状表现得很强烈时，我几乎无法进行思考。

山姆的 BPI 得分如图 3-2 所示。

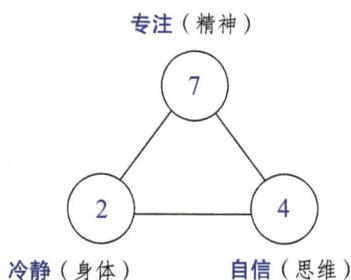

专注（精神）

7

2　　　　4

冷静（身体）　　　　**自信**（思维）

图 3-2　山姆的 BPI 得分示意图

在"专注"一项中，山姆得了 7 分。鉴于他提到自己完成了所有的作业并能够坚持按照计划学习，因此他在这一项上获得接近满分的得分显得合情合理。这一项的得分反映出山姆与自己的精神（即驱动力）保持着联结，并且能顺利地朝着目标前进。在"自信"一项中，山姆得到了 4 分，这说明他的信念发生了动摇。他不时会受到消极想法的困扰，这些想法令他无法相信自身的能力。但在某种程度上，他能想方设法摆脱这些想法的纠缠，并且重新获得自信。山姆难以逾越的障碍是紧张，面对即将到来的考试，无法保持冷静成为他最大的弱点。山姆在"冷静"这一项上仅得了 2 分，这充分反映出他的问题所在。从他的表述中我们不难看出，山姆与自己的身体发生了断连，这使他的身体变得愈发紧张，而紧张的身体又反过来令他感到不安。心跳加速和呼吸困难等现象不可避免地分散了山姆的注意力，使他难以专注于考试。这种分心进一步影响了山姆的自信，而自信水平下降得越多，山姆就越难以重新找到最佳状态。结合这个案例我们可以清楚地看到，三脚凳中较弱的一条腿（在山姆的案例中是"冷静"）给整个结构增加了额外的负担，并且妨碍了山姆取得与事前付出的努力相符的成绩。

在山姆的三脚凳中，最强的一条腿是专注于目标的能力。结合这种情况，我为他提供了一个新的目标：学会以冷静的态度面对历史考试。山姆在很短的时间内便掌握了三种能让自己冷静下来的工具。随着身体上的紧张得到缓解，山姆保持专注的能力进一步提升。在击败了长久以来给自己造成焦虑与心理负担的"猛兽"后，山姆的信心自然而然地得到了大幅提升。在不会因身体紧张而濒临崩溃的情况下，山姆有能力记住书本上的知识并充分思考试卷上的试题。

请你牢记：无论从三脚凳的哪条腿入手，你所付出的努力都会很快与另外两条腿产生关联，并且最终使整个系统得到强化。

你拥有一把怎样的三脚凳？它的哪一条腿最强？哪一条腿最弱？需要明确的一点是：你唯一的对手就是自己，而不是周围的其他人。借助在 BPI 中得到的分数，你可以看到，为了降低压力水平并提升表现，你需要在哪些方面着手进行强化。

在完成 BPI 的过程中，你可能会产生这样的困惑："B 博士，我的 BPI 测试结果并不准确。最后得分显示我不够自信，但事实并非如此！我总是对自己充满信心。"

关于这一点，我希望你清楚的是，BPI 的得分并不是对你的日常生活进行全方位评价的绝对化指标。它的初衷是检测你在面对压力时将如何表现。请耐心地思考 BPI 得分是否确切地反映了你在大多数考试中的状态。有时候，人们在填写 BPI 的过程中会首先联想到与考试有关的可怕情境，但依据这种情境做出的选择并不符合他们在考试中实际常出现的典型表现。这样，他们的 BPI 得分便失去了代表性。请审视自己的 BPI 得分并思考它们是否反映了你在大多数考试中的状态。如果你的 BPI 得分不能反映你的整体表现，就请你以自己在压力状态下的表现为基础重新完成这个量表，以获得更为准确的结果。

在采取下一步行动之前，请你再次回顾自己的 BPI 得分。你最需要加强的是哪个部分？是冷静面对、维持自信，还是保持专注？

在接下来的三章中，我们会分别以三脚凳中的一条腿作为重点。你可以从最弱的一条腿（得分最低的一项）入手，并且直接阅读对应的章节。但你同样可以将自己得分最高的那一项作为起点，因为对有些人来讲，从强项入手会给他们带来最大的帮助。尽管我推荐你按顺序阅读接下来的三章，但我必须重申的是，本模型的结构并不是僵硬刻板的，因此你大可不必为此削足适履。它的美妙之处恰恰在于，无论你从哪个方面入手，最终都能照顾到所有部分。即使你在某一个项目上取得了高分，你仍有必要了解相应章节介绍的工具。即使你在这三项上的得分都不尽如人意，这个结果也仅仅说明你在每个方面都尚有需要提升的空间。

接下来三章内容的最终目标是为你提供所需的工具。无论面对怎样的考试，也无论你身处考场内外，这些工具都将帮助你做到冷静、自信和专注。拥有了这一稳固的基础，你便可以随时表现出自己的最佳水平。

4
chapter

第 4 章

让躁动的身体冷静下来

不够冷静的表现

2017 年 9 月，一名头脑聪颖的高三学生拜访了我，他的名字叫贾马尔。他迫切地希望我能帮助他将学术能力评估测试的成绩提高 200 分，否则他将被自己选择的大学淘汰。这是他最后一次参加学术能力评估测试的机会，如果分数上不去他便只能去一所愿意接收他的大学就读。为什么他在此前的考试中表现不佳呢？

贾马尔告诉我："这是因为在上一次的学术能力评估测试中，随着考试的到来，我变得愈发紧张。我无法回忆起学过的知识，并且产生了没有任何希望的想法。在勉强解出三道题后，我遇到了一道棘手的题。当面临这种情况时，我整个人都僵住了。"

在讲话的过程中，贾马尔的右腿在不停地上下抖动。他因紧张而蜷起了上身，肩膀几乎要碰到耳垂，并且他的语速不断地加快。除此之外，在讲话的过程中，他还多次屏住呼吸。贾马尔焦虑地解释道："仅仅是谈起考试都会让我感到紧张。"他的肢体语言已经说明了一切。"即使是此刻我都感觉自己濒临崩溃，这便是我在学术能力评估测试中遭遇的窘境。"

贾马尔相信即使是回忆起考试也会令他感到紧张。实际上，造成他焦虑的罪魁祸首是他做出的一系列肢体动作，即抖腿、缩起肩膀和屏住呼吸。使他的思维进入紧张状态的不是他的记忆，而是他的身体。当我告诉他这些时，他面露诧异之色。"参加考试的是我的大脑，"贾马尔反驳道，"而不是我的身体。我的坐姿一直如此，这和学术能力评估测试的成绩有什么关系？"

这是一种普遍存在的错误认识。很多人认为只有自己的大脑参与了考试。他们主张自己在考试中所需的知识储存在大脑中。然而，事实并非如此。

在考试时，来到考场并参与其中的是你的整个身体。如果你希望表现出最佳水平，那么你的每一部分——而不仅仅是大脑——就必须全身心地投入当下的考试，并且为你提供支持。

躁动的身体会令你失去耐心并感到坐立不安，这种状态会促使你产生逃避考试的想法。一旦身体紧张起来，你便很难回想起所学的知识，而如果这些知识是考试所需的，那么随即你就会陷入焦虑。这种感觉会迅速膨胀，失控的感觉会随之向你袭来。最终，你的表现不尽如人意，甚至有可能无法通过考试。

与之相反，冷静的身体可以大幅提升你的能力，进而有助于你顺利地思考问题、回忆知识、解答考题并合理地掌控时间。

在观察学生在考试过程中的表现时，我发现了很多表明紧张的肢体语言——他们弓起背，缩紧肩膀，抖动双腿，握紧拳头，面露狰狞之色，并且呼吸变得急促。应试者通常意识不到自己的身体做出了此类举动，对它们给考试表现造成的深远影响更是一无所知。坦诚地讲，有如此多的学生能在这种状态下完成整场考试而没有遭遇惊恐发作，这令我颇感意外。

考试过程中的紧张情绪会让人产生压力。你的身体会分泌大量的肾上腺素，血压随之上升，整个身体系统都进入了警觉状态。你的大脑在尖叫着提醒你危险，仿佛身后有一只猛虎扑向你。随着激素被迅速释放并进入血液，你的压力水平也随之提高。在这种状态下，你愈发难以专注地思考。在和试卷上的问题面面相觑的过程中，你发现自己无法写出答案，并且因此惊慌失措。从表面上看，是这些考题导致你焦虑，但实际上考题不过是印刷在试卷上的文字，它们并没有直接对你造成影响。你的压力水平水涨船高，你在考场上的表现也深受影响，这正是你与自己的身体发生断连所造成的后果。你对自己身体的反应毫无觉察，但它正在迅速脱离你的控制。更有甚者，你可能会产生逃出考场的念头，却不能如愿。你不得不继续坐在座位上并强迫自己解答试题。

在紧张情绪的折磨下，你希望自己一走了之，却又无路可逃。试问，在这种状态下，你如何发挥出理想的水平呢？上述行为均是断连的表现。请记住：断连造成压力，而过高的压力水平将导致糟糕的考试表现。

请你回想一下三脚凳模型，只要你与其中的一条腿发生断连，就会导致另外两条腿随之失去平衡。如果你的身体无法保持冷静，那么它便会迅速（在思维层面）引发消极观念，并且（在精神层面）导致你在分心的同时丧失自信。压力水平会在短时间内迅速升高，一旦超过了某一阈值，你的表现便会不可避免地一落千丈。

为了提升考试表现，你需要降低身体的压力水平。简而言之，在参加考试的过程中，你的身体需要保持冷静。我将在本章余下的部分讲解如何做到这一点。

为了使自己的身体保持冷静的状态，你需要学会两件事：

1. 如何意识到自己不够冷静；

2. 如何使用特定的工具使自己冷静下来。

在本节中，我们将锻炼你觉察自己的身体状态的能力。在忐忑不安地等待压力事件（如明天进行的考试）发生或在参加考试的过程中，你的身体会产生怎样的感觉？

对大多数人来讲，如果没有感到疼痛或不适，那么在一天的时间里，我们很少会觉察到自己的身体状况。嗓子疼、肚子疼、全身发热或牙疼等现象会引起我们的注意，然而在身体的不适达到令我们感觉不自在的程度之前，我们倾向于忽视早期的迹象，甚至对其视而不见。"不要紧，一会儿就没事了。"只有当疼痛让我们忍无可忍时，我们才会对它有所觉察。"我的牙疼得要命！"当产生这种感觉时，我们才会采取行动。

对舞蹈演员、游泳运动员和歌手等经常使用身体的某一部位的人来讲，情况并非如此。这类人必须密切地关注自己的身体，并且立刻对不适的迹象予以重视，而不能有丝毫怠慢。由于这类人时常要在公众面前展示自己，因此他们的身体状态直接决定着他们的表现。从积极的方面来看，这种紧迫感促使他们时刻觉察自己的身体状况。对大多数人来讲，这种威胁并不存在。我们面临的问题是，如果忽略断连的迹象，那么我们的压力水平就会随之上升。这一问题最终会导致我们同样遭遇失败。面对不得不参加的考试，只有提高觉察身体状况的能力，我们才能学会如何在关键时刻应对不够冷静的情况。

　　让我们从这个问题入手：你的身体表现出的哪些迹象或表征说明你不够冷静？

我知道自己现在不够冷静，因为……

（下列哪些选项符合你？）

- 我感觉胸闷
- 我的头疼或感觉到头疼发生的征兆
- 我的肩膀疼
- 我的脖子发紧
- 我屏住了呼吸
- 我的肚子疼
- 我的心跳加速
- 我的肌肉疼
- 我开始出汗
- 我感觉皮肤刺痛
- 我感觉全身紧张

- 我感觉自己呼吸困难
- 我蜷起了脚趾
- 我的腿抽筋
- 我的手握紧成拳头
- 我想要逃离考场
- 我开始胡思乱想
- 我的语速开始加快
- 我啃手指甲
- 我感觉惴惴不安
- 我的眼睛疼
- 我提高了说话的音量
- 我感觉全身不舒服

　　在上述表现中，有些人或许仅发现一项与自己一致，而有些人或许会发现几项。不够冷静的表现因人而异，因此你需要考虑自己还出现过其他哪些症状。

人们时常问我："为什么要从觉察入手？"对于这个问题，我们可以这样想：假设你在驾车的过程中看到了一个写有"停车"的指示牌，它准确地说明了你需要采取的行动：踩下刹车并停车。如果你选择忽视指示牌并继续前进，那么你的行动便对自己和他人的生命构成了威胁。与停车的指示牌相同，这些代表紧张的身体迹象同样在向你传递信息。你的身体在用这种方式向你提示断连的发生。一旦出现这些迹象，就表明你需要重新和自己的身体建立联结，并且让自己冷静下来，因此，了解这些迹象将对你大有裨益。如果你对它们视若无睹，就将撞得头破血流。

觉察到自己不够冷静是与自己的身体重新建立联结的第一步。

无论你在上文中发现符合自己的选项有多少，了解不够冷静时自己的身体表现都意味着你在正确的方向上迈出了重要的一步。除此之外，人们不够冷静的表现基本可以归结为三种，我们在上一节中所列出的每项反应都与其中的一种有关：

- 屏住呼吸或呼吸变得没有规律；
- 感觉不踏实；
- 关闭了五种感官中的一种或多种。

在我解读每一种断连方式的过程中，请你思考它在你身上有哪些具体的表现。

呼吸不规律

我们与自己的身体发生断连的最常见的方式是屏住呼吸或呼吸变得没有规律。

在观察学生参加考试的过程中，我总能看到这样的情景：监考老师发放考卷，随后指示所有考生打开第一页并开始作答。此时，如果你竖起耳朵仔细听，就会听到大家不约而同地大口吸气的声音，随后，考场内会变得鸦雀无声。这意味着很多考生都屏住了呼吸。

为什么这种现象值得我们关注？这是因为屏住呼吸会立即引发压力。没有呼吸，你的大脑便被剥夺了氧气。这听上去像是在警告：你要死了！如果长时间切断氧气的供给，那么人就会失去生命，这是毋庸置疑的事实。因此，在缺少氧气时，你的身体会自动发出紧急信号。这种行为并非身体有意为之，而是一种本能反应。呼吸直接影响着你的焦虑水平，一旦你屏住呼吸，焦虑水平就会直线上升。

除此之外，在考试的过程中，呼吸还关系着你能否清晰地进行思考。呼吸与你的思维能力密切相关。呼吸中断会引发恐慌反应，并且进一步导致有序的思维过程陷入混乱。

当你的呼吸暂时中断或失去了节律时，你的思维很有可能陷入跳跃的模式，并且对未来感到忧心忡忡（接下来会发生什么……），或者纠结于过往（如果当时我……）。如果你能平稳且有规律地呼吸，并且全身心地投入当下，那么你的大脑就可以自如地处理手头的任务。有意识地对呼吸加以注意有助于你在考试的情境中泰然处之，这正是你在考试的过程中需要保持的状态。你必须立即着手处理眼前的问题。无论昨天做了什么（过去），或者明天有怎样的打算（未来），你都应该立刻开始思考并解答试卷上的问题，即专注于当下。如果你的思维过于活跃，或者对尚未发生的事感到焦虑，抑或沉湎于自己已经犯下的错误，那么你就难以做到专心致志地把握当下。如果你想改变这种状况，需要做的不是控制思维，而是控制呼吸。只有保持规律且平稳的呼吸，你才能够调动自己的全部注意力，全神贯注地应对眼前的问题。在此基础上，你的思路会变得更加清晰。换言之，你将保持冷静的状态。

呼吸方面存在的问题主要有三种表现形式，其中的任何一种都会令你与当下的状况发生脱节，并且迅速提高你的焦虑水平。在紧张的考试环境中，你的呼吸方式是下列哪一种呢？

1. 屏住呼吸。

2. 呼吸浅且短促。

3. 呼吸没有规律——上气不接下气、屏住呼吸或只进行很少的呼吸。

如果你不了解自己的呼吸习惯，就请利用明天一整天的时间对自己的呼吸进行观察。在 24 小时里，请随时观察自己的身体状况并询问自己："我在以怎样的方式呼吸？"或许你会惊讶地发现有时自己屏住了呼吸，或者呼吸变得浅短或没有规律。如果你因为即将到来的考试或必须进行的演讲而感到焦虑，就请你立即密切关注自己的呼吸。此时，你很有可能已经屏住了呼吸，或者正在采用浅短或没有规律的呼吸方式。

我建议你将观察的结果随时记录在为阅读本书而准备的记事本中。在学习本章内容的过程中，请你在注意到自己的呼吸时随时进行记录。这项工作有助于你训练自己更加关注无意识的呼吸习惯，同时这也是改变习惯的第一步。

请立即开始留意自己会在什么情况下忘记采用平稳且深长的呼吸方式，以及因此造成的断连有哪些表现并将观察的结果记录下来。

感觉不踏实

我们与自己的身体发生断连并陷入焦虑的第二种方式是失去对地面的觉察并与之脱离接触。

地球上存在一种强大而稳定的连接力，即重力。重力将我们固定于地表之上，也保证了世间万物处于安定且有序的状态。我们都见过宇航员在失重状态下飘浮在太空中的情景。尽管这种状态看似有趣，然而一旦它发生在地球上，我们便会感觉摇摆不定。在和地面保持接触时，我们会获得更多的安全感，一旦脱离地面，我们便会感觉不踏实——尽管我们通常意识不到这种状况的发生。下面就让我们探究令我们感觉不踏实的两种状况。

当我发现自己因某项颇具挑战的任务陷入沉思时——如即将面对上千名观众进行演讲——我的脑海中便会产生一系列不安的念头："我应该进行更充分的准备。或许我会把要讲的内容忘得一干二净。我会不会出汗？观众会喜欢我吗？"此时，我会注意到自己既没有觉察到身体下面的椅子，也没有感觉到脚下的地面。这便是我所说的"感觉不踏实"。

为什么这种现象值得一提？因为在感觉不踏实时，我确实脱离了与地面的接触。这说明我正试图逃离当下的情境。反之，当我重新对当下的情境有所觉察时，我能感觉到椅子在为我提供支持。当我有意识地将双脚平放于地面时，我同样能感受到大地为我提供的支持。尽管我的处境没有发生改变，但我的焦虑情绪得到了控制。尽管我仍然需要在众人的注视下进行演讲，但我对待此事的态度发生了转变。通过觉察身体，我与当下所处的情境和此刻必须着手的任务重新建立起了联结。"脚踏实地"这个动作非常简单，但它能在很大程度上让你的身体和思维重新冷静下来，并使你有能力在最理想的精神状态下表现出最佳水平。

令我们感到不踏实的另一种状况是身体进入紧张状态。当你绷紧身体的某个部位时，实际上你是在尝试摆脱重力。45 岁的外科医生约瑟夫三次参加专业委员会认证考试，但均以失败告终。在谈到考试时，我注意到他的下巴绷得越来越紧。在我提醒他注意这一现象时，他感到很意外。"嗯……在做完一场手术后我时常感觉下巴酸痛，但不清楚原因。不过这和我没能通过考试有什么关系呢？"这其中的联系在于，在约瑟夫因紧张而与身体发生断连时，他的压力水平会随之升高，这增加了他在考试中出错的可能性。我要求约瑟夫想象如下情景：跳水运动员在奥运会的赛场上全身僵硬地跃下跳板，或者舞蹈演员在跳芭蕾舞时绷紧身体。一旦运动员或表演者与自己的身体发生断连，他们的身体就会变得愈发紧张。在这种情况下，他们就难以控制自己的身体，并因此无法表现出应有的水准。在约瑟夫参加认证考试或实施手术的过程中，他绷紧了自己的下巴。他的这一行为意味着他拒绝在重力的作用下保持冷静与安定的状态。重力具有令身体放松的特性，在此基础上获得的冷静有助于提升人们的表现。

当你感觉身体紧张时，这在很大程度上说明你"束缚"住了自己的身体。请你将人生视作由大大小小的事件汇聚而成的溪流，这股溪流包围着你，并且不断地向前奔流。如果你紧紧地束缚住某个部位——如肩膀、下巴或双手——那么你就会和水流断开联系。你所处的现状并非一成不变的某个时间点，而是一系列不断变化的时刻。身体上的紧张会将你隔绝在这些时刻之外。在绷紧身体的同时，你牢牢地束缚住了自己，导致你与周围不断变化的状况发生了断连。如前所述，身体上的紧张具有"抵抗重力"的作用。在这种紧张状态下，你会尝试将自己拽离地面，即摆脱重力。没有重力你将无法与当下所处的情境保持联结。

或许你不曾刻意让自己保持脚踏实地的状态，但从现在起，你需要在感觉不踏实时有所觉察，并且在此基础上学会如何让自己重新感觉踏实并保持冷静。在备考的过程中，请你在感觉不踏实时观察当时的状况，然后在记事本中记录下观察到的内容。而在考试的过程中，这种观察就更有必要了，这是因为考试是最容易令我们感到坐立不安的情境。

为了明确你会习惯性地绷紧身体的哪些部位，请结合图 4-1 所示的"身体紧张分布图"询问自己："在备考或参加考试的过程中，我经常会绷紧身体的哪个部位？"每一个你用力绷紧的部位——即发生断连的部位——都可以被转化为帮助你建立联结并保持冷静与放松的部位，但做到这件事的前提是你要对绷紧的部位有所觉察。

你经常绷紧身体的哪些部位
（图中仅表示了一种性别）

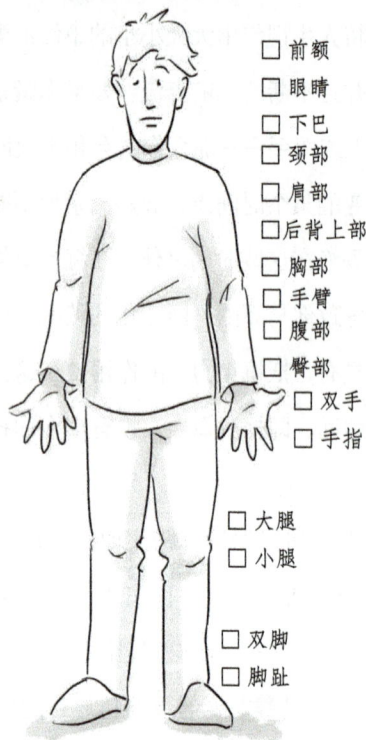

☐ 前额
☐ 眼睛
☐ 下巴
☐ 颈部
☐ 肩部
☐ 后背上部
☐ 胸部
☐ 手臂
☐ 腹部
☐ 臀部
☐ 双手
☐ 手指
☐ 大腿
☐ 小腿
☐ 双脚
☐ 脚趾

图 4-1　身体紧张分布图

观察别人同样对你有所裨益。在下次乘坐公交车、逛超市或在银行排队时，请你环顾四周。我们生活的这个社会缺乏放松。你会看到有些人的肩膀高高地耸起，有些人的双手紧紧地握成了拳头，还有些人的额头因忧虑而挤出了深深的皱纹。请将你观察到的结果标示在身体紧张分布图上，想必你能体会他们当时的感受。当你在图书馆持续学习了几小时后，如果你身体的某个部位体验到了紧张，就请你记住自己当时的感受并标示在身体紧张分布图上。

至此，你已经清楚了身体紧张对自己造成的影响。在此基础上，请在记事本的帮助下，了解你的身体会在哪种情境下以怎样的方式感到紧张，并且培养自己觉察身体紧张的能力。

关闭感官

我们与身体发生断连的第三种方式是关闭五种感官中的一种或多种。

莎拉是一位技术精湛的钢琴家，她在某大型歌剧团工作。她是一个敏感的人，秉持着追求完美的职业态度。莎拉会为每项工作做好充分的准备，并为此深感自豪。有一天，她不得不在没有进行充分准备的情况下登台表演。当时，她的一名同事突然生病，而莎拉在演出前的最后一刻才被告知需要完整地演奏另外一首曲子。她对这首曲子有一些了解，但已经很多年没有演奏过它了，并且演出开始前也没有足够的时间供她完整地复习乐谱。在彩排的过程中，莎拉因为缺乏准备而感到愈发不安，她回忆道："当时我们正在排练其中难度极高的一段。我僵住了，盯着乐谱上的音符一动不动。我既没有听歌手的演唱，也没有看指挥。更糟糕的是，我甚至没有听音乐。"

从莎拉的话（"我僵住了"）中我们不难看出，她以前文提到的两种方式与自己的身体发生了断连。她屏住了呼吸，并且因身体紧张而动弹不得。但除此之外，她提到的另一种现象同样值得我们关注："我既没有听歌手的演唱，也没有看指挥……我甚至没有听音乐。"

这意味着莎拉关闭了自己的感官。

我们通过视觉、嗅觉、听觉、味觉及触觉感受世界。这五种感官是我们借以进行觉察的首要途径。一旦关闭五种感官中的一种或多种，我们的身体便与周围的一切发生了断连。在说到一个人"对情况缺少把握"时，我们通常是指此人与现实发生了断连。这就意味着此人没有通过感官与自己此刻所处的现实保持接触。如果不能通过感官了解自己当下的处境，那么这个人便与世界发生了断连。关闭感官所造成的断连会对你产生不利的影响。

有一天，我在吃午饭的过程中注意到了这一点。当时，我一心考虑着下午三点要参加的一场会议，而没有品味吃进嘴里的食物。我用叉子将土豆沙拉送进嘴里并囫囵吞枣地咽下，而没有调动自己的感官体会食物的味道、口感和温度。在觉察到这种情况后，我将自己的注意力集中于味觉、嗅觉和视觉的体验上。随之，我的压力水平立即下降了。这是因为我不再为即将发生的事感到忧心忡忡，并且重新与当下所处的情境建立了联结。最终，尽管此后依然要参加这场难熬的会议，但我仍然享用了自己的午餐。会议可能进行得一帆风顺，也可能遭遇重重困难，但我告诉自己："此时此刻，我正在吃饭。"

在发生这种情况时，"诉诸感官"显得尤为重要。一旦开放五种感官，你便与此时此地所发生的状况建立了联结，而参加考试正是一项需要应试者把握当下的活动。

就考试而言，造成断连的另外两种方式（呼吸不规律与感觉不踏实）处理起来简单而直接，但通过感官建立联结就显得有些复杂，这是因为过度开放感官同样会令你分心。在坐满考生的考场里，你既不希望自己的听觉捕捉到周围的人唉声叹气，也不希望自己的视觉敏锐地注意到旁边的人在因紧张而扭动身体或挖鼻孔。如果知觉对象令你感到不快、不安或沮丧，那么此时你的感官反而会对你造成消极的影响。在考试的过程中，你希望有选择地调动自己的感官，以帮助自己表现出最佳水平，而不是妨碍自己的表现。在下一节中，我会告诉你如何做到这一点。现在，你需要做的是觉察到关闭感官的情况。请利用记事本提高自己对五种感官的关注。

提高觉察能力

在了解让身体冷静下来的三种工具前，我希望你能首先提高觉察断连的能力，并且了解自己发生断连的方式和情境。表4-1 总结了我们在本章中已经学到的内容。请你阅读该表并考虑其中的每一项是否符合自己的情况。在现阶段，你有可能无法对其中的某些项目做出明确的判断，但这种情况很正常。或许你需要首先对自己进行更多的观察，以便在记事本中积累充分的资料。在心理学领域，这些资料被称为"基线"。

请记住：你越是能敏锐地觉察到自己与身体发生断连的方式，就越能及时在压力水平提高之前对其加以控制。换言之，培养觉察能力有助于你迅速地与自己的身体重新建立联结，并且减少压力。这样，你便可以有效地避免过高的压力水平对你的表现造成消极影响。不仅如此，你还可以将其控制在最有利于自己表现的适当水平（请回想耶克斯-多德森曲线）。

在阅读表 4-1 的同时，请回想你最近参加过的考试，或者想象你即将参加的考试。

表 4-1　觉察能力调查表：身体部分

	当我身处如考试这样令人紧张的情境时，我注意到自己的身体出现了下列状况： 在下列三组中的每一组中，哪一项与你的情况相符
呼吸	☐ 我屏住了呼吸 ☐ 我的呼吸变得浅短 ☐ 我的呼吸没有规律（上气不接下气、屏住呼吸或浅短呼吸）
脚踏实地	☐ 我感觉不到地面或椅子的支持 ☐ 我的双脚离开了地面 ☐ 我感觉＿＿＿＿（身体部位的名称）发紧
感知	我倾向于关闭下列感官（即对其失去觉察）： ☐ 触觉　　　☐ 嗅觉　　　☐ 味觉 ☐ 视觉　　　☐ 听觉

请记住，觉察是指注意自己内部发生的一切。在备考或参加考

试的过程中，你可能会意识到自己的身体正在做出各种对考试无益
的举动，这些举动是你之前不曾注意到的。与以往不同的是，现在
你会有意识地关注这些迹象，并将它们视作提醒自己放慢脚步并重
新建立联结的指示牌。

　　你的觉察能力越强，就越能有效地运用我即将给你提供的工具。

　　现在就让我们一起学习帮助身体冷静下来的三种工具，它们有
助于减少你的身体体验到的压力。这些工具切实有效，并且简单易
学。如果你认真地依据上文中的内容培养了自己的觉察能力，就为
掌握将要学到的工具奠定了良好的基础。

工具 1：调整呼吸

　　我们要讲的第一种工具与呼吸有关。让我们一起按照下面的提
示进行呼吸：

- 进行一次深呼吸，吸气，用你的鼻子吸入空气；
- 呼气，用你的嘴呼出气体；
- 重复这个动作，用鼻子吸气，用嘴呼气。

　　请你注意自己在使用哪个部位进行呼吸。在被要求进行"深呼
吸"时，几乎所有人都会通过扩张胸腔的方式将空气吸入上肺部。
但这种呼吸并非深呼吸。通过抬高肩膀并扩张胸腔的方式进行呼吸
不会帮助你冷静下来，反而会放大你体验到的紧张感。我将它称为
"或战或逃式呼吸"，因为在采用这种方式呼吸时，你已经做好了战

斗或逃跑的心理准备。这种呼吸方式会让人产生恐惧感。在面临威胁时，我们的身体会做出类似的反应。请你想象自己在丛林中穿行时眼前突然窜出一只凶猛的狮子，它对你亮出了尖牙利爪。面对此情此景，恐惧开始在你的身体中蔓延。此时，如果你猛吸一口气，那么吸入的气体会进入你的胸腔。为了求生，你会选择直面威胁或转身逃跑，但无论做出哪种反应，在这种情境下采用的呼吸方式都不会让你放松下来。

与之相反，在采用能够使自己冷静下来的方式呼吸时，我们会将空气吸入体内更深的位置——腹部。正因如此，我提供给你的第一种工具便是能让你冷静下来的腹式呼吸。

练习 4-1　腹式呼吸

（用手机微信扫描二维码，
即可边听边做）

在完成这项练习后，你或许会开始打哈欠或感觉困倦，这是很多人都会出现的反应。最近，一个名叫梅西的女孩希望我辅导她参加学术能力评估测试。17岁的她头脑聪颖且活泼好动。在介绍自己的情况时，她表现得十分活跃，几乎无法安静地坐在椅子上。她以极快的语速滔滔不绝地向我列举了自己参加的一系列活动，其数量之多令我瞠目结舌。我注意到梅西在说话的过程中几乎不会停下来

74

呼吸。鉴于此，我们开始着手调整她的呼吸方式，以帮助她学会有规律地进行深呼吸。不到五分钟，她便接连不断地打起了哈欠，随即就进入了梦乡！梅西给自己上紧了发条，同时夺走了自己的内部系统需要的氧气。她急需获得休息，因此一旦有机会冷静下来，她便陷入了昏睡。由此可见，在你开始关注自己的呼吸并有意识地进行深呼吸时，如果你哈欠连天、昏昏欲睡或感觉头晕目眩，那么你应该将其视为一种积极的信号。这说明你的身体正在逐渐冷静下来。你的身体正在向你诉说它还不适应有节奏的深呼吸，并且它渴望得到休息！

为了实现深度的腹式呼吸，你需要缓慢、温和且坚决地改善自己的呼吸方式。在练习刚开始时，吸入大量的氧气或许会令你感觉头晕，因此你难免心生疑惑。但是，出现这种现象仅仅因为你的身体习惯了浅短且起伏不定的呼吸方式。随着练习的深入，你将会逐渐开始自然地进行平稳的深呼吸，并且享受这种呼吸方式带给你的冷静。

把腹式呼吸付诸实践

下次当你发现自己不够冷静时，请将焦虑的感觉视作一种信号。一旦你感觉自己的胃里翻江倒海，发觉自己开始出汗，或者发现双腿不停地抖动，这就表明你的身体正在提醒你："你需要冷静下来。"此时，你的觉察能力将开始发挥作用。在此基础上，你应该问自己的第一个问题是："我在以怎样的方式呼吸？"这是因为不规律的呼吸是引发身体紧张并造成焦虑情绪的首要因素。你很有可能已经屏住了呼吸，或者正在以短浅且没有规律的方式呼吸。在这种情况下，通过实践上述呼吸方式将有助于你迅速冷静下来。

一旦你开始进行平稳的深呼吸，就请默默地说一句"谢谢"。之所以这样做，是因为觉察到自己采取了不恰当的呼吸方式可谓获得了一份馈赠，你有必要对它心怀感激。

在注意到自己的呼吸"有问题"时，大多数人做出的反应是责备自己，而不是因为对状况有所觉察而心怀感激。这种批判式的反应是绝对不可取的！我强烈建议，每当你觉察到自己正在尝试改变自己的行为，你都要说一句"谢谢"。感激是批评的反义词，这种行为会营造出一种友好且悲悯的氛围——这种氛围最有利于人们获得自我成长。

深呼吸并表示感谢有助于降低压力水平，在此过程中，你将获得做出改变的能力，并且因此提高在考试中获得高分的可能性。通过有规律地深呼吸，你为自己的大脑、血液和身体提供了充足的氧气，保证了它们可以表现出最佳水平。

工具 2：脚踏实地

研究生入学考试即将开考，德文坐在考场里，他的周围坐满了和他一样即将毕业的大四学生，每个人都坐立不安，紧张的情绪在教室中蔓延。德文摇摇欲坠地坐在椅子的边缘。他的左脚勾在右腿上，右脚脚尖点地，右腿在不停地上下抖动。显而易见，德文不够冷静。在上述情境中，问题何在?

德文感觉非常不踏实。

感受来自地面和椅子的支撑

有两种方式可以练习脚踏实地，第一种是感受来自地面和椅子的支撑。为了获得这种体验，请进行如下练习。

练习 4-2　让自己脚踏实地

（用手机微信扫描二维码，
即可边听边做）

这便是练习脚踏实地的第一种方式。请在一分钟的时间里持续上述练习并享受你体会到的感觉。请注意你的呼吸方式。在开始学习如何让自己感觉踏实时，很多人会屏住呼吸!这是不可取的。你可以一边保持平稳的深呼吸，一边通过感受来自地面和椅子的支撑让自己感觉踏实。这两种工具可以同时为你所用。

深呼吸和脚踏实地这两种工具相得益彰，并且具有强大的力量，将它们结合起来使用能够更有效地帮助你与自己的身体建立联结，重获冷静，并且全身心地投入当下。

释放身体中的紧张

练习脚踏实地的第二种方式是舒缓绷紧的身体。让我们再来看一看德文的例子。此时考试已经开始，他眉头紧锁，耸起的肩膀快要碰到耳垂了。他的左手攥成了拳头，右手紧紧地捏着笔。这一系列举动都是身体紧张的反映。在绷紧身体的同时，实际上你在摆脱能让你保持安定的重力。重力将我们的身体固定在地球上。当你收紧双腿、颈部、背部或前额的肌肉时，实际上你是在将自己拽离地球，拒绝保持脚踏实地的状态。

通过学习本章中与觉察有关的内容，你识别出了自己会习惯性地绷紧身体的哪些部位。现在，让我们运用脚踏实地这一工具来缓解这些部位的紧张。这一工具也可以称作舒缓法，你需要做的是舒缓紧绷的身体，从而释放自己感受到的紧张。在重力的作用下，你可以让紧张从自己的身体中流出来，并且流入脚下的大地中。你可以通过牢牢地用手握紧某些物体进行这项练习。一开始，你可以选择一些柔软的物体，如毛绒玩具、用过的网球或揉成一团的衬衫。现在，请将它紧紧地握在手中并不断发力，把它攥得更紧。现在请松开手并放松手部的肌肉。你手中的物体会掉在地上。此时，你的整个身体都会随之冷静下来，请仔细体会这种感觉。

为了更好地舒缓绷紧的身体，你可以尝试一下下面这个练习。

练习 4-3　释放紧张的身体扫描

（用手机微信扫描二维码，
即可边听边做）

在结束练习后，请你明确自己身体的哪个部位感觉最紧张，如下巴、腰部或双腿。无论你感觉最紧张的是哪个部位，都请你体会这种紧张，并且在此基础上进一步绷紧这个部位，持续五秒。接下来，请在呼气的同时舒缓绷紧的部位，将紧张释放到地面上。在此过程中，请感受地面和椅子为你提供的支撑（即练习脚踏实地的第一种方式）。这种做法可以有效地帮助你渐渐地冷静下来。

工具 3：调动感官

帮助自己重获冷静的第三种工具是调动感官。人的五种感官包括视觉、听觉、触觉、味觉和嗅觉。当我们觉察到自己很焦虑时，调动五种感官中的一种并非难事。如果你能够借助感官与身边的世界建立联结，那么你的身体就会逐渐平静下来。

在讨论调动感官与冷静下来的关系之前，我们必须清楚的一点是，与前两种工具相比，第三种工具稍显复杂，因此在阅读下文时，请你跟上我的思路。

感官将你和世界联结在一起。只有借助自己的感官，你才能了解自己看到、听到、尝到、摸到或闻到的究竟为何物。在缺少感官参与的情况下，你将无从知晓自己身在何处，也无法把握周围的状况。你会感觉与世界之间的联结断开了，并且因此心生恐惧。一项著名的心理学实验证实了这一点。在进入一间伸手不见五指且隔音的房间后，人们立即变得不知所措。随后，他们便会陷入深深的焦虑中。这是因为他们在这个空间中找不到任何熟悉的事物作为参照。他们与所有接收感官信息的通道断开了联结，如断线的风筝一般茫然地游荡。感官信息的输入帮助我们建立起了一种联结，我们通过它了解世界。鉴于断连会造成压力反应，因此，在希望降低压力水平、消除焦虑并缓解紧张时，通过感官建立更稳定的联结是一种合乎逻辑且行之有效的方法。

让我们以视觉为例。配镜师们注意到，在焦虑状态下，我们的视觉功能会受到抑制，这让我想到一个成语"坐井观天"。通常情况下，我们用这个成语形容人在观察事物时只看到了局部。

视野的宽窄不仅体现出个体所持的态度，它也是通过视觉建立起来的一种实际的联结。开放的视觉有助于降低你的压力水平，其他感官与之同理。在充分调动各种感官时，你会感觉更加冷静。

让我们通过下面的练习学习如何调动视觉。这项练习的目的是通过扩大周边的视野进一步打开你的视觉。

练习 4-4　扩展视野

（用手机微信扫描二维码，
即可边听边做）

　　为何扩展视野可以让我们冷静下来？简而言之，在让双眼得到放松的同时，你打开了周边的视野并接入了副交感神经系统，此时，你的身体也会随之平静下来。这种现象与人类神经系统的运作方式息息相关。

　　人类的神经系统包括交感神经系统和副交感神经系统两个部分，它们的功能有所不同且相互补充。交感神经系统控制觉醒，它可以提升你的兴奋程度并使你保持警觉状态。副交感神经系统控制放松，它可以让你保持冷静。在察觉到潜在的威胁时，你的交感神经系统便开始工作：它拉响警报并向你的大脑发出警告："有危险！要多加小心！"肾上腺素开始在你的体内扩散，你的血压随之升高，肠胃紧张，呼吸变得急促。此时，你的身体产生了或战或逃的反应，你会正面迎战威胁或转身逃跑。与此相反，在脱离危险后，你的身体需要平静下来并安静地休息。此时，副交感神经系统便占据了主导地位。这两种系统相互平衡，缺一不可。如果我们时刻保持警觉（交感神经系统发挥作用），那么我们就会失去理智；如果我们始终放松（副交感神经系统发挥作用），那么我们就会陷入昏昏沉沉的状态。

神经系统的上述工作原理与你的眼睛存在怎样的联系呢？又如何能帮助你冷静下来呢？

你的视野包括两部分，分别是中心视野和周边视野，它们分别与不同的神经系统紧密相连。中心视野连接着交感神经系统，你借助它识别接近你的物体和正前方的物体。无论你是在注视一头大黑熊，还是在查看路标，在调用中心视野时，你的身体会保持一定程度的觉醒。另一方面，你的周边视野连接着副交感神经系统，当你调用它"纵览全局"时，你便会冷静下来。

这一点对应试者而言至关重要，这是因为在考试中，你时刻需要阅读试卷，而在此过程中，你在绝大部分时间里只使用了中心视野。这就意味着你的交感神经系统需要持续不断地进行高强度的工作，而你也始终因此保持着觉醒状态。难怪在结束了长时间的复习或一场漫长的考试后，学生们会反映感觉心力交瘁。当他们将视线聚焦于细节（如阅读）时，实际上他们在不知不觉中提高了自己的兴奋程度。长时间不间断地阅读是一项高强度的活动，很容易让人感到有压力。如果你在阅读试题或参加机考的过程中感到焦躁不安，那么你或许会认为是试题"迫使"你感到紧张。但实际上，引发紧张的罪魁祸首是你给自己的眼睛和交感神经系统增加了太多的负担。你需要让自己的眼睛暂停工作。在学习或参加考试的过程中，你必须不时地让自己的眼睛休息一下，并且让副交感神经系统掌控你的身体，以消除紧张并冷静下来。我们在练习 4-4 中所做的正是这件事。

尽管每一种训练在具体的方法上略有差异，但对眼睛进行的训练也适用于其他感官。例如，在吃饭的过程中，请你充分调动自己的嗅觉并品味食物。很多人在吃饭时狼吞虎咽，而不是充分地享用美食。在下次吃饭时，请你放慢速度并仔细品尝每种食物的味道，通过咀嚼体会食材的口感，同时用嗅觉捕捉食物散发出的淡淡芳香。

你可以通过接收声音训练自己的听觉。首先，你可以倾听距离自己最近的声音（这些声音可能是你的身体发出来的），接下来是你所处的房间里的声音，下一步是房间外的声音，最终听到建筑物外乃至更远处传来的声音。

你可以通过感受贴身衣物的材质训练自己的触觉。例如，你的衬衫给你的胸部和手臂怎样的感觉？裤子的纤维给你的腿部怎样的触感？如果你正握着笔，请用手感受它的重量和硬度（在进行本项训练时，请注意自己的呼吸方式并始终脚踏实地）。

与感官建立联结可以有效地帮助你全身心地投入当下，远离紧张与焦虑。你的感官随时听候你的调遣，它们是你与此时此地自己所处的状况保持联结的最便利的工具。人们经常对自己身边的状况一无所知，并且很少调用感官帮助自己。

在备考的过程中或对考试浮想联翩时，感知这项工具可以发挥很大的作用。当我们因自己没有掌握知识而感到急躁，或者开始想象考试失败的结果时，各种各样的消极情境要么将我们推入对未来的不安，要么将我们拖入对过去的悔恨，并且让我们感到心浮气躁。你是否感觉烦躁的情绪涌上心头？所以，现在你需要冷静下来。请你立即在当场与自己的感官建立联结，同时调整自己的呼吸，并且做到脚踏实地。请将这些做法付诸实践，它们对你大有裨益。

如何应用让身体冷静下来的三种工具

请不要告诉我说："在考试时我顾不上呼吸。"最近，有一名学生在我面前抛出了这种说辞。我停下来并注视着他。"顾不上呼吸？"我认为他想表达的意思是："我顾不上去关注自己的呼吸，也没有时间使用工具让自己冷静下来。"我应对此作何反应？无论如何你始终在呼吸，因此，你不妨学会利用呼吸帮助自己通过考试。或许这种做法会让你在解答某个问题的过程中多花几秒的时间，但它会令你的整体表现大为改观。

然而，如果你确实认为在考试时自己没有时间实践本章所介绍的其他练习，那么请至少尝试下面这项行之有效的方法。我将它称为"楔子"。这个练习的效果类似于按下"重启"键，它将为你重新注入能量并聚焦你的注意力。只需要不到 2 分钟，你便可以学会这种方法，而且在熟练掌握后，运用这种方法所需的时间会进一步缩短。

练习 4-5　楔子

（用手机微信扫描二维码，
即可边听边做）

　　这项练习之所以效果显著，是因为它整合了帮助你获得冷静的三种工具——调整呼吸、脚踏实地和调动感官。

　　坚持使用是关键，请你事先决定好使用工具的频率，如在做完 5 道、10 道或 20 道题目后借助工具（至少调整呼吸）让自己重获冷静。如果你在复习的过程中接触往年的考试题，就请在做这些试题的过程中练习按照既定的频率使用工具，并且将其迁移至实际的考试中。

　　有一名学生在练习完让上述三个让自己冷静下来的工具后怒气冲冲地找到我并表示："我用过调整呼吸这种工具了。"她的潜台词是："这些工具毫无用处。现在怎么办？"

　　请不要指望一蹴而就。在我们的一生中，呼吸确实是最司空见惯的活动，但你既需要时间学会更敏锐地觉察自己的呼吸方式，也需要时间提高觉察身体状况的能力，并且学会有意识地运用工具保持冷静并专注于当下。你正在努力改变过去始终保持的习惯，因此需要对自己有足够的耐心。

　　调整呼吸、脚踏实地、调动感官。这就是你全部需要做的。你的身体是为你提供力量的基础。请与你的身体建立联结，并且在今后的人生中不断巩固这种联结。

5

chapter

第 5 章

对自己抱有坚定的信念

自证预言效应

苏菲是一名大二的学生，她泣不成声地告诉我："每逢考试我都会遭遇同样的状况。在开始考试几分钟后，我就会想不起来学过的内容。随着大脑中的知识不断地溜走，试卷上的问题也变得越来越难。我认为自己一无所知，感觉要窒息了，一心想要放弃考试。"苏菲的声音里充满了沮丧，这是因为她每次都会为考试做充分的准备。苏菲在学习上付出的努力有目共睹，因此在考试前，朋友们都会向她请教考试中可能会出现的难点。为了在历史考试中获得理想的成绩，她孜孜不倦地学习，但最终的结果却与她的希望相去甚远，难怪她感觉既失望又沮丧。"与我付出的努力相比，我的朋友们花在学习上的时间少之又少。"她泪流满面地说，"她们平时游手好闲，只在考前突击复习，甚至对有些知识不求甚解，但她们的考试成绩竟然比我的还高！这不公平！每次考试我都会陷入崩溃。"

当我要求苏菲解释"崩溃"一词的含义时，她向我描述了在解答试题的过程中自己的脑海中出现的声音："我一直在想，我看不懂考试题……我学习的知识不是考试涉及的内容……我什么都不记得……我做不对这道题……我无法继续获得奖学金。"她说话的声音越来越小。她带着心灰意冷的表情小声嘀咕道："这简直是一团糟。"

　　苏菲描述的正是对应试者而言最糟糕的体验：在考试的过程中丧失自信。在你努力解答问题的同时，你的思维却开始向你灌输消极的想法："我不知道这个知识点……我解不出这道题……我真蠢。"此时，你被这些"不"束缚住了手脚并陷入了消极的心境："我什么都不记得。我通不过考试。我不够聪明。"毋庸置疑，消极的心境会令你对自己感到厌恶。由此引发的自我怀疑会触发各种恐惧情绪——你会恐惧失败，恐惧表现不佳造成的后果，恐惧糟糕的成绩会影响他人对你的评价。焦虑和自我怀疑很快变成了自证预言。你会突然忘记所学的知识，不相信自己的推理和判断，并且彻底迷失解答问题的方向。伴随着这种消极心境，你的压力水平会直线上升。在这种情况下，无论你之前做了多么充分的准备，你的表现都会一落千丈。

　　为了让你的表现反映出你所付出的努力，你需要获得自信，即对自己的积极情感。你必须相信自己拥有获得成功所需的一切：足够聪明，理解了所学的知识，并且有能力解答问题。这些想法同样会成为自证预言，但这一次它会向积极的方向发展。在相信自己的基础上，你才有可能表现出高水平。

　　对很多人而言，自信像一个未解之谜。他们认为世界上存在两种人，一种人拥有自信，另一种人缺乏自信。他们认为拥有自信是一种幸运，但并不清楚自信从何而来。自信究竟是与生俱来的，还是后天培养的？自信的人是不是服用了某种灵丹妙药？我会通过本章的内容告诉你，你不必绝望。你会看到自信从何而来，并且学会如何从自己身上找到自信。在此基础上，我还会通过一些练习帮助你在感觉失去自信时迅速重拾信心。

喋喋不休的话匣子

如何将自信纳入三脚凳模型中？三脚凳的其中一条腿代表你的思维，而自信取决于你的思维活动。"思维"一词的内涵很广，它的定义也因人而异。如果你分别向哲学家、系统分析师和心理学家询问思维的定义，那么你会得到三种不同的解释。大多数人将思维理解为一个巨大的文件柜或一个大容量的硬盘，它负责接收并存储信息。他们认为在考试时，只需要从文件柜中取出文件并机械地输出其中的信息即可。作为研究表现的心理学家，我有一种不同的见解。

对我来讲，思维像一个话匣子或一条私人广播热线。它持续不断地播放各种各样的想法，对你的内部世界和外部世界中的一切进行对比、鼓励、批评、评估或判断。"她真漂亮。""这道菜真难吃。""他太蠢了。""我喜欢牛排。""我讨厌西蓝花。"

针对考试表现，你的思维会不断地播放关于你的矛盾性的独白："我擅长历史。我的几何学得很糟糕。我总能做好这些事。我永远不会通过考试。我能看懂这个问题。我不知道正确答案是什么。我的成绩将会惨不忍睹。"这些想法无穷无尽。

"我能行，我具备相应的能力，我能坚持下来。"当你的思维提供诸如此类的积极、肯定且具有鼓励性的想法时，你便会获得自信，对自己抱有坚定的信念，并且确信自己能够取得成功。在这种情况下，你会勇往直前，并且产生良好的自我感觉。但是，如果你的思维不断地做出消极的自我陈述，如"我不够聪明、我做不到、我是个失败者"，那么你就会陷入自我怀疑，并且无法信任自己。缺乏自信的状态会导致你在考试中心不在焉，无法充分发挥自己的潜能，并且严重影响你的表现水平和考试成绩。

在这一章中，我会通过一些练习使你的思维为你所用。首先，我们会探讨什么是自信。接下来，我们会了解思维如何对你的表现产生积极和消极的影响。最后，我会告诉你如何强化自己的思维，以确保即使面对最具挑战的考试，它也能够保持积极并为你提供帮助。

自信的人对自己抱有坚定的信念，并且相信自己有能力完成任务。在考试中遇到难题时，自信的人不会临阵脱逃。他们相信自己有能力解出答案，并且坚持到最后。

如果你缺乏自信，那么在参加考试时，你很可能会体验到相反的感觉。在遭遇棘手的问题时，你会希望尽快摆脱这场考试。"我做不出这道题，我要离开这里！"环顾四周，你会发现其他人似乎都在认真地埋头解题。"他们都能做出来，为什么偏偏我做不出来？"结合过去 50 年中与无数学生合作的经验，我可以很确定地告诉你，这种想法说明你将安全感投射到了他人身上，但实际上，你投射的对象同样缺乏这种安全感。其他很多应试者也在和消极的内心独白进行着激烈的斗争。面对这场考试，他们同样感到不知所措，并且希望自己可以逃离现在的处境。他们表面上看起来冷静且专注——

在他们眼中你也如此，但在内心深处，他们同样希望能尽早脱离现状。

想要尽快逃走的想法会引发问题，因为出现这种想法就意味着你没有全神贯注于当下。换言之，你的注意力已经飞向了考场之外。与身体和精神相同，思维同样是你麾下不可或缺的一员。当你的思维大喊"让我离开这里"时，它便背弃了你，我们可以将这视为一种背叛。你需要做的是通过练习保证你的思维忠于你，对自己的能力抱有坚定的信念，并且相信你可以出色地完成任务。

觉察消极观念

消极观念与断连

你的思维就像一条广播热线，它一刻不停地播放着自我评价，并且包含积极和消极两个方面。在你表现出积极的一面时，它会为你播放自我肯定和鼓励的信息："我能行。我具备相应的能力。我足够聪明。"当你表现出消极的一面时，你所发出的信息会对自我进行否定和打击，甚至成为你的绊脚石："我不可能成功。我对自己在做的事没有把握。我做不到。"

在对自己做出消极评价（即负面评价）时，你的思维实际上在削弱你的整体实力，并且逐渐剥夺你取得成功的可能性。你与思维中积极的一面发生了断连，并且在成为最好的自己的过程中失去了它所提供的支持。

在不断对自己做出消极评价（即与思维中积极的一面发生断连）的过程中，你的压力水平也会不断地提高。在这种情况下，你会愈发感觉焦躁不安，忘记自己所学的知识，无法相信自己的判断，因此更容易犯错。毋庸置疑，你的表现也会随之大打折扣。

莉莎想学习法律，她需要参加法学院的入学考试。在备考的过程中，她备受消极思维之苦。莉莎既聪明又充满热情，她的学习成绩也十分出众。但在针对这项至关重要的考试备考的过程中，她却迟迟无法取得进展。她对法学院入学考试的成绩寄予厚望，因为如果能如愿取得高分，她便可以实现儿时的梦想：被一所顶尖的法学院录取并获得全额奖学金。她渴望通过出类拔萃的成绩证明自己在备考过程中的付出获得了回报，否则自己所投入的时间和金钱就将付之东流。

在莉莎讲述的过程中，我注意到她的双手在发抖，并且她的声音也在颤抖，这些迹象都表明她处于焦虑不安的状态中，因此，我当即决定让她掌握帮助自己冷静下来的三种工具。我教她如何监控并规范自己的呼吸，让自己脚踏实地并调动自己的感官，这些都是我在上一章中教给你的工具。尽管在第一次会面时，通过这些练习莉莎的紧张得到了一定程度的缓解，但几天后，她给我打电话，并且失望地表示自己通过这些工具获得的缓解是暂时的。"在进行模拟考试时我依然紧张不已。"她说道，语气中流露出疲惫。

在第二次会面时，我请莉莎将她备考所用的书籍和习题一起带来，以便在她解答问题时我进行观察。在开始阶段，我注意到她很

好地运用了我教给她的工具，并且通过呼吸和脚踏实地让自己保持
冷静。但在阅读问题的过程中，她很快便开始摇头，抚弄自己的眉
毛并不断地调整坐姿，显得痛苦不安。她再次尝试借助工具让自己
冷静下来，但摇头和抚弄眉毛的举动变得愈发频繁，这种迹象表明
她陷入了混乱。出于健康方面的考虑，我让莉莎停下手中的笔并询
问她："你遇到了什么问题？"她转过头来看着我，神情中写满了痛
苦。她边摇头边说："我做不到。我不够聪明，应付不了这场考试。
我一直希望自己能成为一名律师，但现在看来我不是这块儿料。"

　　成为律师是莉莎儿时的梦想。为了实现这一梦想，她在坚持不
懈地努力，但她的内心独白却在不断地贬低自己，导致她与积极且
真实的自我发生了断连。莉莎既没有觉察到消极的想法正在让自己
远离目标，也没有意识到这些想法正是造成压力的罪魁祸首。在断
连的状态下，出色的表现从何谈起？她的三脚凳彻底失去了平衡。
此后，莉莎通过练习掌握了保持自信的工具，在这些工具的帮助下
按部就班地完成了考试。最终，她考入了哥伦比亚大学法学院。

感觉孤立无援

　　在对自己做出消极评价时，你不仅与自己内部的一切积极因素
发生了断连，同时也与身边有可能为你提供支持的人断开了联结。
或许在你看来，向他人倾吐对自己的真实看法，会被对方认为是愚
蠢且弱小的。你对此心存恐惧。你固执地认为没有人能够理解你的
处境。在你看来，其他人都信心满满。然而事实并非如此。

有时候，我们难免会以消极的方式看待自己。在漫长的人生路上，没有人能够做到每时每刻都坚定不移地相信自己。我们无一例外地会在一段时间内丧失自信。你认为自己是愚蠢的或徒有其表的人，而一旦其他人也发现了这件事，你就会因此遭到羞辱。你的同伴、老师和家长都会看不起你。在有些文化中，这种体验被称为"丢脸"，它会触发强烈的不快与尴尬之感。因此，你将自我否定的想法和由此引发的感受全部埋藏在心中，对此只字不提。

为了避免因为暴露自己的想法而遭到羞辱，你和其他人拉开了距离，在你疏远的对象中包括有可能为你提供支持的人。但与他人隔绝的状态只会进一步加深你对自己抱有的消极想法。在关键时刻，你缺少关心你的人为你提供的支持和帮助，这种孤立无援的状态会导致你的应激水平进一步提高。每个人都需要获得来自亲近之人的鼓励，缺少了这种鼓励，我们便会陷入痛苦且迷失方向。

17 岁的托马斯是两位物理学家的孩子，他就因这种孤立无援的感觉而饱受折磨。无论他如何用功学习，每当看到或听到"考试"一词，他便会丧失自信并将自己隔绝起来。在我们进行第一次会面时，托马斯坦言："在看到试卷上的问题的一瞬间，我的大脑就会一片空白。"当我询问他原因时，他耸耸肩并表示："我不清楚。"这是他在绞尽脑汁后能给出的最好的答案。他感到恐惧并移开了视线。

在几次咨询后，我得知托马斯的家中共有三个孩子，他的姐姐和弟弟在学业上都表现出色。他的父母和老师经常将他和他的姐姐、弟弟进行比较。尽管托马斯的父母表达了对托马斯的关心，并且他们的所作所为都像是为他好，实际上他们更为看重的是自己的社会形象。他们不希望被视作后进生的家长，并且用"一切都好"掩饰孩子遇到的困难。

但对托马斯来讲显然并非一切都好。他在一所竞争异常激烈的高中读高二，在他看来，学校里除他以外的每个人都能力出众。他羞于向老师、班主任和自己的朋友承认他感觉自己很愚蠢。在学校里，托马斯没有可以交流的对象，这种状态令他感觉孤立无援。在家中，面对不愿公开谈论此事而一心希望维持良好形象的父母，托马斯同样回避谈及这个问题。在感到父母对此讳莫如深的同时，他也害怕姐姐和弟弟会因他表现"愚蠢"而嘲笑他。他陷入了走投无路的境地。

这便是很多人在感到缺乏自信或认为自己没有能力应对考试时体验到的感受。他们感觉自己被孤立，同时被束缚住了手脚。尽管在考试过程中，你确实是独自坐在考场上，但这并不意味着你无法获得支持，并且走投无路只是你的感受，而并非事实。在参加考试时，你的思维与你同在。它既可以作为朋友为你提供支持，帮助你发挥出最佳水平，也可以成为最苛刻的批评家百般阻挠你并拖慢你的节奏，甚至让你陷入崩溃。二者之间的差异在于你如何利用思维与自己进行对话。

你的思维状态

在本书中，我自始至终会采取由两个步骤构成的训练方法帮助你提高考试成绩。

第一步：觉察因发生断连导致压力水平升高的迹象。

第二步：使用特定工具自己重建联结，从而降低压力水平并促进自己的表现。

在上一章中，我们应用这种两步走的策略处理了与身体发生断连的情况。首先，你对自己的身体出现的迹象（包括胸闷、心跳加速、肌肉紧张等）有所觉察，在此基础上，你学习并使用了三种与自己的身体重建联结的工具（调整呼吸、脚踏实地和调动感官）。

在接下来的内容中，我们将两步走的策略应用于你的思维。首先让我们通过探究你对自己抱有的消极观念对你的思维状态有所觉察。

消极观念清单

在你备考和参加考试的过程中，你的思维会以不同的方式向你灌输消极的观念，而它们都会造成你与积极的自我发生断连，并且瓦解你的自信。请阅读下列描述并判断其中的哪一种符合你在面对考试时与自己进行的对话。

1. **你对自己心存怀疑**。你的内心独白充满了以"我不能""我没有""我不是"开头的句子。例如，"我会搞砸这次考试，因为连我的爸爸都说我不擅长数学。""我不会玩电子游戏，所以我清楚自己没有通过驾照考试所必需的手眼协调能力。"你对自己的能力持怀疑的态度，并且在这类想法中越陷越深，导致自己无暇思考其他东西，特别是你此时最渴望得到的正确答案。

2. **你相信自己有问题或认为自己是一个糟糕的人**。这些想法包括"我真是糟透了""我是一个彻头彻尾的失败者""我一定有什么缺陷""在我家，没人读完高中，我们家的人就不是上大学的料"。你固执地认为这些想法证明了自己具有某种缺陷，并且这种缺陷是不可弥补的。

3. **你悔不当初**。你因为过去自己没有做到某事而感到消沉。"我读高一时因一直沉迷于游戏而荒废了一整年的时间。""我毁掉了自己的人生。""如果我没有把心思花在看那些没用的书上该多好。"你因错失机会而陷入自责。

4. **你想象最糟糕的状况**（将不理想的结果投射到未来）。你的消极观念会延伸至尚不确定的未来。"在走进考场时，我就确定之后会发生的状况了。""有人的铅笔会掉在地上或不停地挠头，这会分散我的注意力，导致我得不到高分。""我不可能考入好大学，而只能去一所一般的学校——所以我现在就应该退学。"你感觉自己不如放弃考试。

5. **你感觉孤单且无助**。你感到无论做什么都无法改变现状，并且没有人会帮助你。"我的竞争对手都参加了高效的学习小组并互相激励，面对他们我毫无胜算。""我只能靠自己，但这并不足以解决问题。""我在学习上付出的努力有目共睹，但我在考试中的表现却不尽如人意。""我看起来像个失败者，而没有人会看好失败者。"你感到孤独，甚至绝望。

6. **你害怕遭受羞辱或惩罚**。你想象父母、老师或朋友会因为你糟糕的表现而对你做出消极的反馈。你听到他们对你说（或大喊）："你又考砸了？你是怎么回事？"对此你作何解释？什么！你无话可说吗？这种想象只会强化你对自己产生的消极情感。

7. **你担心历史会重演**。如果你曾经在考试中遭遇过困境，那么你很可能会想："我上次的研究生入学考试彻底考砸了，所以这次我也不可能考好。我最好选择一所门槛更低的学校。"

8. **你的思维陷入混乱**。在参加考试的过程中，你发现试卷的内容和你在复习时组织知识的方式不一致。你的思维缺乏组织性，曾经建立起来的稳定的思维模式分崩离析。你的思维如同一团乱麻。"天哪！这是什么？我从来没见过这个知识点！""我什么都记不起来！""我学的都是与考试无关的知识。""我的记忆像筛子一样漏洞百出！"

9. **你变得迷信**。你开始认为日常生活中的琐事——如穿什么样的袜子，选用怎样的咖啡杯，开车上班时走哪条路——都对你的考试表现造成了直接影响。"上次参加考试时我随身带着女朋友的照片，但后来我们不欢而散。这次我应该带谁的照片去呢？"对你而言，这些想法可能并不是消极观念，但它们确实反映出你对自己的表现没有把握，并且认为它受到其他因素的左右。

10. **其他可能的情况**。或许消极观念在你的思维中会以其他形式出现。

编排自己的清单

你的"话匣子"在喋喋不休地说着怎样的内容（见表 5-1）？在思维向你灌输"自愧不如"的想法时，你需要敏锐地觉察到它。下面的练习有助于你培养这种觉察能力。

练习 5-1　内心的消极大合唱

（用手机微信扫描二维码，即可边听边做）

表 5-1　你的消极观念清单

消极的想法	你对自己和自己的表现抱有哪些消极和自我怀疑的想法？你在评价自己时用了哪些以"我不能""我没有""我不是"开头的句子
对过去的悔恨	你对自己备考的过程是否感到后悔？请列举出三点

（续表）

想象最坏的结果	说出三件你害怕在考试成绩低于预期时会发生的事
感到绝望且无助	就你的能力和表现来讲，有哪些地方让你感到绝望或无助？请写出三点
恐惧被羞辱或惩罚	如果你在考试中的表现不尽如人意，谁会对你感到失望或生你的气？他们会说些什么或做些什么？请列出三个人
担心历史会重演	在过去的考试中，哪些徒劳无功的经历是你担心会再次发生的
混乱的思维	在消极和自我怀疑的观念占据了你的大脑时，你的思维处于怎样的状态？请对此进行描述
其他形式的消极观念	你的思维是否还会以其他形式向你灌输消极观念？如果有，请把它们记录下来

消极观念循环

在写作本章的过程中，我接待了一位新的来访者。

这位名叫乔安妮的来访者希望成为一名心理学家，但她此前两次参加职业资格考试都未能通过，因此陷入了恐慌。作为一位单亲母亲，仅仅是想象失去工作的情景就足以让她手足无措。当我请乔安妮谈一谈考试时，她表示："我记不住所学的全部知识。我的意思是说，尽管我很努力地学习，但我仍然认为自己没有办法做好。或许我不适合当心理学家。"

"我不能""我没有""我不是"……乔安妮的思维不断罗列着自我否定的想法，随着时间的推移，这些想法令她感到痛苦。她之所以感到痛苦，是因为实际上她是一名才智过人且能干的医生。不可否认的是，职业资格考试确实是一项重大的挑战——考试所需的大量知识令人望而生畏。此外，考试对乔安妮来讲还具有决定性的意义——她需要通过考试来保住自己的工作，并且供养自己和两个年幼的孩子。尽管如此，这些事实并不是乔安妮真正的压力源，她的压力来自不断循环的消极观念。她深陷这一循环无法自拔，因此无法在考试中发挥自己的能力以保证优异的表现。无论她怎样努力，都会被拉回由否定性的想法构成的怪圈，并且被牢牢地束缚在其中。这个怪圈的起点和终点都是乔安妮妄自菲薄的观念，这种做法可谓名副其实的作茧自缚。

我将这种怪圈称为"消极观念循环"（连祷是一种宗教祈祷的形式，通常由助祭或牧师与教众交替做出简短的祈祷）。它是一份由个体自身所恐惧的结果构成的清单，并且你会不停地对它进行复述。它是你难以摆脱的梦魇，最终会诱使你实现消极的预期。你告诉自己你不够出色，因此无法有所成就，结果不出所料，你确实没能成功。你认为自己难以有所作为，结果你的表现真的大失水准。你认为机会不会青睐自己，结果在机会到来时，你果真与它失之交臂。作为你麾下团队的三名核心成员之一，如果你的思维一直对你和眼前的机会采取消极的态度，那么你又如何能够保证发挥出色呢？

如果你的自信水平较低，那么做出改变的第一步便是觉察由你的消极观念导致的消极观念循环。如果这一循环在悄无声息地持续运作，那么你就没有机会打破它。我发现每个人都会针对自己罗列一系列消极的自我评价，它们构成了一份"歌单"，其中的每一条"我不能""我没有""我不是"都是一首"保留曲目"，每当我们面对考试时，它们就会在我们的头脑中开始播放。

在你的头脑中，某些常见的消极信息会频繁地出现。

你的消极观念循环

请你看一看自己结合表 5-1 所列出的清单。请在记事本中写下其中出现最频繁的 3 ~ 5 项，这便是你的消极观念循环。在下文中我们学习如何使用工具建立信心时会用到它。而此刻，你有两种选择。

第一种选择。你可以像念咒语一样不断地重复这些句子，并且眼睁睁地看着自证预言不可逆转地成为现实（"相信自己会失败的人一定会失败"）。这种选择无异于一种倒退，最好的结果也不过是束手无策地停留在原地。令人惊讶的是，很多人都会不由自主地做出这种选择，因为他们没有意识到其他选项的存在。

第二种选择。你可以当即决定跳出这种原地踏步的怪圈，学会如何转变这些观念，从而让思维成为自己的助手而非阻碍。

面对做出第一种选择的人，无论是我还是其他任何人都爱莫能助。在这种情况下，你不用再继续阅读本书。你有权选择故步自封，并且拒绝接受他人的不同意见。

然而，将本书捧在手中或许正说明你有意改变自己思维中固有的自我评价，鉴于此，我强烈建议你做出第二种选择，继续走向蜕变。为了在这条道路上勇敢地迈出脚步，你必须在此刻下定决心摆脱消极观念的纠缠。

在开始接触工具前，还有一个值得注意的要点。当思维发生断连并产生消极观念时，你不仅在削弱自己的整体实力，也将自己从当下的情境中剥离开来。

假设这个周末你要参加一项重大的考试。你告诉自己："我永远通不过这项考试，上次考试我的成绩就不理想。"当产生这些想法时，你的身心是否专注于当下？答案是否定的。你的一条腿停滞在过去，纠缠于曾经的考试带给你的灾难性体验；而你的另一条腿已经迈向了未来，预期自己的糟糕表现将会重演。

在思维的巧妙诱骗下，你被误导着相信此刻的自己无法在曾经没有做好的事上取得成功。失败的阴影至今仍笼罩着你，在感到万分痛苦的同时，你将过去的记忆投射到了眼前的情境中。过往的经历就像一面透视镜，你透过它来观察当下，而没有意识到当时的一切已是明日黄花。在上次考试后，你可能进一步学习了相关的科目，或者掌握了解题的技巧。在这段时间里你有所作为，因此现在的你与之前的你不可同日而语。错误的观念告诉你，你仍然是五年前在几何考试中不及格的自己，但事实并非如此。你所做的正是将过去的消极体验带入此刻所处的情境中，或者预测未来最糟糕的可能。但你所面对的当下既非过去也非未来。此时此刻，你可以选择坐以待毙，或者如凤凰般浴火重生。你可以任由自己坠入消极情感和焦虑情绪的深渊，也可以告诉自己，此刻我有机会逆转乾坤。你希望自己做出哪种选择？

在过去和未来之间不断跳跃是人类思维的拿手好戏。倒退、前进、倒退、前进，如此不断地循环往复。请你想象在开车的过程中如此对待自己的爱车会造成的后果。最终，汽车会在半路抛锚，一动不动，而你也会因此无法到达目的地。这正是消极观念对你的思维造成的影响。它将紧紧地束缚住你的手脚，让你无法自由地发挥自己的潜能。

然而，事实是曾经的失败早已时过境迁，而未来也尚未可知。你可以在当下采取行动，你的可能性就蕴藏在此时此刻的情境中。

在设计建立并巩固自信的工具时，我从字典中获得了灵感。在查找"自信"（confidence）一词时，我发现它还包含另外两个词的含义。倾吐（confide）：向可信赖的人透露秘密，完全信任或抱有坚定的信念。密友（confidant）：向其倾吐秘密的人，知心的朋友。

当读到上述内容时，我想："太棒了！这正是建立信心的第一步——向一位密友倾吐秘密。"在下面的内容中你将看到，现在你正站在通向自信的路途的起点。沿着这条路不断前进，你必将对自己产生积极的情感。

我将借助一系列意象练习教你三种关键的建立自信的工具。在练习中，我会请你闭上双眼，引导你按顺序体验想象中的不同情景。这是应用于运动心理学中的一项技术，但对应试者来讲同样具有理想的效果。运动员在田径场、球场或泳池中需要时刻保持高水平的表现，他们的信心始终经受着考验。即使信心发生了动摇，他们也不能停下动作向教练寻求建议，或者电话联系咨询人员，只能迅速重建信心。他们借助意象练习以保持自己的自信水平。通过意象练习，运动员的思维被锻炼得更为坚韧，在遭遇困境时，这种坚韧便会得以体现："我清楚此刻应该采取怎样的行动，并且我有能力做到。"这与考试情境别无二致。在遭遇难题的打击而开始丧失自信时，你需要立即借助"内部工具箱"增强自信（即你的思维）。意象练习能够帮助你培养这种能力。

工具 1：倾吐消极观念

现在就让我们来了解重拾并增强自信的第一种工具。

练习 5-2　向自己的密友倾吐

（用手机微信扫描二维码，即可边听边做）

现在，让我们来对刚刚发生的过程一探究竟。

首先，映现在镜中的密友是谁？我将经常出现的形象罗列如下：

- 最高层次的自我
- 我的哥哥或姐姐
- 我的父亲
- 我的母亲

- 我的伙伴

- 已去世的奶奶 / 姥姥

- 我的老师

这个形象便是你的密友，即使它仅在此刻具有这样的意义。在你下次进行这项练习时，出现在镜中的有可能是不同的人，但你要相信，每一次浮现在你脑海中的密友是当时最合适的倾吐对象。

有时，人们会对浮现出的形象感到"大惑不解"。我曾经和一位名叫杰克的高中生一起进行了这项练习，当我请他观察镜中出现的形象时，他的眼中涌出了泪水。我中断了练习并询问杰克发生了什么，他摇着头表示："没有人出现在镜子里。"他的表情中写满了悲伤。我继续问道："当感觉情绪低落时，你会选择和谁交谈？"面对这个问题他表现得有些扭捏，但最终他坦言，每当遇到伤心的事时，他会和自己的狗（波派）说说话。"很好。"我如此回应杰克，并鼓励他将这个形象带入练习。这个事例告诉我，每个人都有可以倾吐秘密的特别对象。请不要评判自己的选择，而是信任它。

为什么我们将倾吐消极观念作为建立自信的第一种工具？这是因为当你对自己抱有消极情感并将它隐藏起来时，你会体验到负面情绪。这种情绪会变得越来越沉重，最终，它会像流沙一般将你拖入绝望的深渊。但如果你能通过倾吐将这些负面情感释放出来，那么你就会摆脱隔绝与孤独的处境。向不会对你品头论足或百般责难的人倾诉对自己的消极情感，会令你感到如释重负。正因如此，我们才需要和咨询师或心理治疗师进行沟通。他们不会在我们谈及负面情感时进行评判，因此在这些人面前，我们终于可以从消极的内心独白中获得解脱。通过倾吐，我们可以为断连的状态画上句号。

有这样一个事实或许对你有所裨益：和你针对自己做出的批评相比，其他人做出的自我批评甚至有过之而无不及。在我为一批护士讲解这项工具的过程中，我曾请他们写下对自己的密友倾吐的消极观念，并以匿名的方式向大家公开了这些内容。在此之后，其中一名护士通过邮件向我表示："在得知我不是唯一一个对自己抱有负面情感的人后，我感到轻松了很多。现在，我不再认为自己有多么怪异或不正常了。"当人们在我所教授的课堂上进行分享时，我总能看到这样的情景。在了解到还有为数众多的人和自己一样会不时地苛责自己后，他们获得了心理上的平衡。每个人都有失去自信的时刻。无论这种状态持续的时间长短，最好的选择都是尽快将胸中郁积的负面情感释放出来。为了继续前行，你需要倾吐。倾吐行为在为你带来巨大宽慰的同时，也打开了一扇门，让积极的事物有机会进入你的世界。在我举办的一场研讨会上，一位口腔保健师表示："倾吐就像吐息。只有学会释放，你才能吸入新鲜的空气。"

在倾吐完后，你便为掌握第二种工具做好了准备。

工具 2：接纳积极的反馈

让我们继续进行意象练习。

练习 5-3　接纳积极的反馈

（用手机微信扫描二维码，
即可边听边做）

这便是第二种工具：接纳积极的反馈。让我们共同探索刚才的过程。

首先，镜中的形象向你反馈了哪些内容？请花一些时间仔细地思考一下，并将这些内容记录在你的记事本中。

我的部分来访者和学生从镜子中获得如下反馈。

- 你有能力做到，放手去做吧！

- 不要再提那些消极的东西了。我清楚你之前做到过。

- 即使遭遇困境你也能想出办法。

- 你是这块儿料。

- 你有能力取得成功，你之前曾做到过。

- 你能做好，因为你付出了努力。

- 你拥有所需的全部知识。

- 你的头脑足够聪明。

接纳积极的反馈这项工具对你来说必不可少，原因有两个。

首先，当我们的思维受到消极情感的束缚时，便与积极且真诚的内在声音发生了断连。积极的内在声音本应为我们提供帮助，但此时我们却对它充耳不闻。在我们的内心世界中存在两种声音：积极的内在声音对我们进行鼓励，消极的内在声音对我们造成伤害。为什么我们总是无法摆脱消极声音的纠缠呢？其中很大一部分原因在于它是习惯的产物。尽管我相信每个人生来都具有对自己产生积极情感的能力，然而不幸的是，在外力的影响下，我们不断地否定自己，并最终丧失了这种能力。在我们的文化环境和个人生活中，与帮助我们建立内部自信和胜任力的力量相比，否定与剥夺我们的能力的力量占据统治地位。只要你打开电视，便会看到明显带有消极意味的信息——你之所以需要某款汽车、某种洗发露、某些服装，是因为你还不够优秀。在此基础上，学校中存在的无止境的竞争与比较进一步强化了这种消极观念。我们不但没有着重培养儿童、青少年及年轻人的积极观念，反而在不断地向他们灌输"你不够优秀"这一信息。除此之外，消极观念在家庭环境中同样得到了强化：你是怎么回事？你姐姐可比你聪明多了。如果你长期生活在消极观念的阴影下，那么你就不可避免地会对自己产生负面情感。

你需要将早已遗忘、未能充分认识或完全没有注意到的积极信息反馈给自己。你需要倾听对自己做出肯定的积极信息，并通过这种方式为自己赋能。

其次，积极反馈可以成为我所讲的"精神食粮"。如果你以自我贬低作为内部能量的来源，那么你就无异于在进食各种令人生厌且毫无营养的垃圾。"我做不到这件事，我不是这块儿料，我没有这方面的才能。"这些观念就像毒药。请你想象自己吃下一口腐肉的情景，这种行为会严重破坏你的消化系统。然而，在不断地向自己灌输"我不能""我没有""我不是"的种种理由的过程中，你正是在荼毒自己的思维。请立即停止向自己的思维填塞这些信息的举动，不要再把消极观念作为"食粮"。它只会让你陷入恐惧，并对你造成伤害。

我想强调的是，镜中所反馈的是与你有关的准确且积极的信息。它告诉你的并非你是世界上最好的，你是一位超级英雄，或者你不会犯错。这些随处可见的说辞是盲目的，它以一种虚伪的方式对你进行挑唆。准确且积极意味着这面镜子专注于反馈符合你的实际情况的信息，已经得到证实的信息，以及因长时间受困于消极观念而被你遗忘的信息。

聆听并接纳积极的反馈有助于你大幅提升精神食粮的质量。如果你希望对自己感到满意，保证稳定且高水平的表现，就请开始以积极的评价滋养自己。这就如同在用餐时为自己的身体提供健康的汤和沙拉。

在调整了自己的"心理饮食习惯"后，你便可以着手学习建立自信的最后一项工具。

工具 3：设想力所能及的每一小步

自信是你对自己抱有的信念或信任。自信的基础并非你口中的言辞，它建立在你的行动之上。第三种工具强调行动的必要性，这些行动需要首先发生在思维层面。换言之，你必须看到自己着手曾经认为自己没有能力做的事。借助这项工具，你可以设想自己的成功，并塑造出一个有助于你对自己产生积极观念与积极情感的内部形象。想象力将成为你在行动层面取得成功的跳板。

让我们继续进行意象训练，并学习建立自信的第三种工具。

练习 5-4　设想力所能及的每一小步

（用手机微信扫描二维码，
即可边听边做）

上述工具的目的何在？为什么我们要掌握这一工具呢？

某天，我接到了哈利打来的电话。年过六旬的他正准备开始自己的第三段职业旅程：成为一名心理治疗师。他学习了所有必要的课程并完成了论文，却在职业资格考试中陷入了困境。他先后两次参加考试都未能通过。哈利心灰意冷地来到我的办公室，他的思维和内心独白中充斥着消极的观念。"我不可能通过这项考试。"他说，"对我这把老骨头来讲，要学的东西实在太多了！"借助上文中我教给你的三种工具，我和哈利一起着手强化了他的三脚凳中最弱的一条腿——自信。他顺利地向自己的密友进行了倾吐，并且接收到了密友向他反馈的有针对性的积极评价（"哈利，你拥有通过高难度考试的经验"）。

然而在使用第三种工具，即设想自己采取小而可行的步骤来清除消极观念时，哈利产生了困惑。他睁开双眼并表示自己做不到。在他看来每项任务都显得如此艰巨，仿佛横亘在他面前的是珠穆朗玛峰，因此他只能无奈地告诉自己："我不可能征服那座高峰。"哈利打算就此放弃。"要学的东西太多了。"他说道。

我们进一步研究了这种工具，并尝试帮助哈利明确在备考过程中他需要采取的小而可行的步骤。他想到了如下内容：

1. 关闭手机并关好房门，设置一个 30 分钟后的闹铃，仅阅读复习资料中有关法律和职业道德的内容；

2. 在闹铃响起时休息 5 分钟；

3. 继续进行半小时的复习，读完与法律和职业道德有关的内容。

这些简单的步骤帮助哈利将大量的学习材料分解为小的组块，从而避免了他被学习的重担压垮。在摆脱被信息淹没的状态后，他才更有可能最终理解并记住这些内容。

哈利的练习进行得很顺利。他看到自己成功地开始着手并完成这些步骤。然而在这次会面快结束时，哈利仍然显得垂头丧气。在会面结束时，他含糊其辞地表示自己"获得了帮助"，却拒绝安排下次会面。在走出我的办公室时，他表示："我仍然感觉自己吃不消。"

一周之后，哈利通过邮件告诉我："我放慢了节奏，正在一步一个脚印地前进，复习过程也因此容易了很多。"他看到了希望的曙光。此后，我没有再和哈利见面，三个月后，我从他发来的另一封邮件中得知他通过了考试。他在邮件中写道："这要归功于我能够看到自己每次向前迈出一小步。"请注意：在我刚把这种工具教给哈利时，他没有看到它的价值。在亲身实践后，他才相信这件工具的效果。

第三种工具侧重的并非将这些步骤付诸实践——这是下一章中与专注有关的内容。这项工具的关键在于设想这些步骤，并为实际执行奠定基础。换言之，你要做的是调动自己的想象力以看到自己在通往目标的道路上成功地迈出每一步。这一工具的必要性在于，一切行动都首先发生于我们的想象中。请你环顾四周，你所看到的每一样事物——桌子、椅子、计算机、你身上的衣服、灯泡、你手中的这本书——在被制造并生产为实物前都曾首先存在于他人的想象中。参加考试同样如此。首先，你需要通过想象来设定通向成功的每一个小而可行的步骤；然后，你要在想象力的帮助下设想自己一步一个脚印地执行这些步骤。在此过程中，你的自信会得到强化。

如果你希望有意识地引导自己走向成功，那么你就必须以积极的方式调动自己的想象力。运气不能成为你的依靠，你需要一种行之有效的方法，在你陷入困境、遭遇难题或开始丧失自信时，这种方法会显得尤为可靠。通过设想自己成功地采取每一步行动，你便可以确保收获积极的结果，这是因为随着你在想象中不断地看到成功的自己，你会愈发感到自己确实有能力取得成功。不仅如此，你所想象的积极图景就像你储存在"乐观"这家银行中的财富。你的积蓄越多，就越富有。当你在考试中遇到难题时，你也会拥有更多可以利用的积极资源。

这一工具中的另一个重要因素是小而可行的步骤。

这正应了一句古话："不积跬步，无以至千里。"请你想一想婴儿学步的过程。最初，他只会在地上翻滚，此后不久，他会手脚并用地开始爬行。接下来，他会在用手抓住一些东西的同时迈出小小的脚。最终，她会松开双手并开始向前走。尽管多数时候我们不曾意识到，但实际上，我们在人生中做好每一件事都遵循与之相同的过程。

如果你曾经在考试中遭遇失败或表现得不尽如人意，并因此陷入自责，那么你就有必要改变自己的行为模式。你需要从发挥想象力做起。你必须在设想的基础上看到自己的成功。一旦你调动起自己的想象力，并看到自己迈着小而可行的脚步向目标进发，你便可以睁开双眼并怀着满腔的热情勇往直前。

如何应用建立自信的三种工具

在学习的过程中建立自信

即使在为准备考试而进行学习的过程中，你的自信心同样有可能发生动摇。消极的内心独白会令你感到焦虑且不知所措，进而陷入绝望并丧失学习的愿望。与眼前的学习任务断开联结固然可以让你感到一身轻松。但这种做法会导致你的压力水平提高，并最终导致你在考场上的表现大失水准。

　　为了保证高水平的表现，请你在每次开始学习前运用上述三种工具建立并保持自信。请你合上书和记事本，闭上双眼。请你排查自己的想法：其中是否存在消极观念？如果存在，就请你使用第一种工具：向心中的密友进行倾吐——将消极观念表达出来。你的密友会向你反馈关于你的准确且积极的信息。请你接受这些积极的反馈。接下来，请你设想在本次学习中自己可以采取的小而可行的步骤，这些步骤将帮助你顺利地完成学习。之后，你便可以睁开双眼并付诸行动。

　　在学习的过程中，一旦这些与目的背道而驰的想法在你的大脑中出现，就请你停下手中的任务并使用建立自信的工具。随着有规律地反复使用这些工具，你的自信心会得到强化，而这种训练的成果会在考试中得以体现。在进行学习的同时，请你在记事本中记录消极的自我评价及你用以消除它们的工具。

　　学生们在备考过程中遇到的最大的问题是被学习材料压垮。"我记不住这么多的内容"是我经常听到的一句话。从上文中提到的哈利的事例中我们可以看出，如果你一味地将注意力放在任务总量上，就必然会产生紧张情绪（还记得珠穆朗玛峰的比喻吗）。然而实际上，你可以一小步一小步地多次处理任务。在成功做到这一点的基础上，你便能实现自己的目标。

在考试中维持自信的强度

　　好的考试会对你的自信提出挑战，这是因为在此类考试中，你会遇到前所未见的题目。它的目的是考查你能否将已学的知识应用于不熟悉的情境。此时，你需要思维为自己加油鼓劲，而不是对你弃之不顾。如果你能在学习的过程中练习使用上述工具，那么在考试中，它们便能在关键时刻为你所用。拉卡的故事恰好说明了这一点。

在一次生物测验中，我遇到了一道和做过的练习题完全不同的题目。我告诉自己，我不可能做出这道题，并因此乱了手脚。我感觉自己的成绩肯定很糟糕，并且无法考入大学。幸运的是，我意识到了自己与思维和身体发生了断连。在让自己冷静下来后，我使用了建立自信的三种工具。在想象小而可行的步骤的基础上，我迅速找到了解决问题的途径。我不清楚自己给出的答案是否正确，但这种方法帮助我渡过了难关，从而避免了因恐慌而崩溃。

在结束本章之前，让我们再来进行一项有益的练习。

将"入侵者"拒之门外

即使你处于自信满满的状态，"入侵者"也会不时地进入你的思维空间，并试图对你实施干扰，致使你不能充分发挥自己的潜能。"入侵者"可能是一种突如其来且非常规的消极观念或消极情感，它以出人意料的方式侵入你的思维过程。"入侵者"可能具有如下不同的形式：

- 对自己在本场考试中的表现产生的悲观情绪；

- 对过去某项你没能通过或表现不佳的考试的回忆；

- 因可能忘记所学的知识而产生的不安；

- 对失败可能导致的后果的恐惧；

- 因他人可能对你做出的评价而感到的忧虑。

因为这些"入侵者"会在你毫无防备的情况下向你发动突然袭击，所以它们可以轻而易举地在你需要表现出最佳状态时令你陷入沮丧。你会不自觉地与"入侵者"纠缠在一起，向它提出质疑并与之争论不休。在你应该认真思考一道难题时，你的大脑却已经化作了战场。"你不可能做出这道题！"消极的一方如此高声咆哮。"我当然做得出来！"积极的一方声嘶力竭地回应。"不，你做不出来！""你错了，我能做出来。我能！""没用的，你会以失败收场。""我才不会失败，你离我远一点！"在这场激战中，宝贵的时间正在一分一秒地流逝。同时，你与自己和考试发生了断连，导致压力水平急剧上升。当"入侵者"闯入你的思维空间时，你需要做的不是在大脑中与它进行搏斗，而是采取应急措施消灭它。

通过下面的练习，我希望教给你一种从自己的思维空间中清除"入侵者"的方法。这项练习非常有趣，并且效果显著。它会在消极的观念或情景试图对你造成干扰时为你提供帮助。在勤于练习的基础上，你将能够有效地保证思维空间免受侵扰，进而保持自信的状态，并充分发挥出自己的实力。

练习 5-5　清除"入侵者"

（用手机微信扫描二维码，
即可边听边做）

英巴尔是一名牙科专业的学生，她怯生生地找到我，对自己将要参加的临床考试充满恐惧。在这项考试中，她需要在评分老师的注视下对一名病人进行实际操作。在谈话的过程中，我发现她的思维空间始终在遭受消极观念的侵扰。例如，她会看到站在身旁的老师边摇头边长叹一口气，并表示她这种水平怎么能当牙医。这些消极的图景限制了英巴尔的能力。她感到愈发沮丧，并产生了"我无法在规定的时间内完成考试"的想法。显而易见，这些侵袭而来的观念占据了她的思维空间，造成她与自己需要对病人实施的操作发生了断连，并导致她无法完成这项任务。

我将赶走"入侵者"的练习教给了英巴尔。在第一次进行尝试时，她便发明了自己独创的工具——一把威力强大的枪。在这把枪的帮助下，阻碍英巴尔前进的一切障碍都灰飞烟灭，这和她胆怯的性格大相径庭。在临床考试的过程中，英巴尔借助这项练习成功地应对了入侵的消极图景。她避免了断连的发生，始终将心思放在病人的身上，因此大幅提升了自己的表现。更为重要的是，她意识到自己的体内蕴藏着一股蓄势待发的力量。她所缺少的只是必要的鼓励和一种清理空间的工具。当工具在手时，英巴尔便可以自由地释放这股力量。

我的来访者发明出了各式各样的工具：激光枪、喷壶和具有魔力的指环。请你也发挥自己的创造力，打造对你而言行之有效的工具。

为了建立自信，你需要转变自己的思维。请不要在与目标背道而驰的观念中作茧自缚，而是着手使用建立自信的三种工具。首先，请通过向密友诉说消极观念的方法释放此类想法（倾吐）。此时，你便为接收积极信息（反馈）做好了思想准备。在此基础上，你会获得开阔的视野和勇往直前的力量。最后，请你设想自己迈着小而可行的步伐成功地走向自信。

用以建立自信的三种工具有助于你与思维中积极的一面保持联结，并进一步为自己提供支持和鼓励。在此基础上，你的压力水平会下降，而表现会得到提升。为了获得这种效果，你需要坚持不懈的努力和练习。你不能在仅仅使用一次工具后就期待自己能摇身变成一个自信满满的人。一旦觉察到自己开始丧失信心，就请调整自己的航向。请在压力状态彻底失控前及时使用这三种工具。

在写作本章的过程中，我接到了蕾切尔打来的电话，她是一名社会工作者，曾三次在资格考试中失败。当蕾切尔来到我的办公室时，她几近崩溃。她绷着脸，在她的双眼下方是深深的黑眼圈。在了解了基本状况后，我告诉她："我要做一个实验。"我直视着她的双眼，随后说道："考试！"在听到这个词的瞬间，蕾切尔的泪水夺眶而出。她反复强调自己永远无法通过考试。她抱有很多偏执的想法，如"在早晨换衣服的时候我会想，如果我穿这双鞋就会考试失败，如果穿另外一双或许就有机会。"她感觉自己无力掌控任何事物，包括自己的思想。

我辅导蕾切尔完整地学习了建立自信的工具，同时按照一定的频率帮助她调整呼吸、脚踏实地并调动感官。在此过程中，她学会了如何识别并修正自己抱有的与目标背道而驰的观念。蕾切尔会习惯性地发生断连并对自己产生消极的情感。这种习惯根深蒂固，因此对她来讲，应用工具建立自信并非易事。尽管如此，她依然决心通过考试。在努力消除原有习惯的同时，她养成了对自己有益的新习惯。

在我写作本段内容时，距离蕾切尔的资格考试只剩下几周的时间。她给我发了一封电子邮件，字里行间透露着积极与期待的心情："我感觉自己的状态获得了大幅提升。我不再想象灾难即将降临。我想我确实有能力通过考试。"

蕾切尔带着坚定的态度走进考场，并顺利地通过了考试。

6
chapter

第 6 章

在考场上保持最佳
状态的必要条件

拥有自己的目标

1998 年 2 月 20 日，全世界有 20 亿人坐在电视机前，聚精会神地观看长野冬奥会的女子花样滑冰决赛。家家户户的电视屏幕上都在播放着一位来自美国得克萨斯州的 14 岁花样滑冰选手。身材娇小的塔拉·利平斯基（Tara Lipinski）在冰面上跳跃旋转，以优雅的轨迹滑向金牌。在塔拉获胜后，媒体随即刊载了她在孩提时便观看了 1986 年冬奥会的故事。在 1986 年冬奥会结束后，还是个幼儿的塔拉抽出一个保鲜盒，将它郑重其事地摆放在自家起居室的正中央，随后爬到上面并郑重其事地向自己颁发了一枚金牌。这个仍在蹒跚学步的 2 岁的孩子立志成为冠军，成功的种子在当时便已种下。12 年后，现场五万名欢呼雀跃的支持者和全世界数以亿计的观众共同见证了她实现自己的梦想。

塔拉是如何实现梦想的？简而言之，她拥有自己的目标，并和家人一起为之付出努力。每天早晨，塔拉会在上学前利用 2.5 小时的时间练习滑冰。她的母亲为她亲手缝制滑冰服，她的父亲则不远万里驱车送她到美国各地参加比赛。追求成功的道路永无止境，而在这条路上，这个小女孩最突出的特质便是专注。她注视着自己的目标，并甘愿为之倾尽所有。

　　这便是实现最佳表现的必要条件——保持专注。请你想象一名
NBA 球员在球场上执行罚球的场景。当他将脚尖抵在罚球线上准备
投篮时，场内响起了观众们不绝于耳的尖叫声，同时场外摄影记者
的闪光灯此起彼伏。在这样的环境中，这名球员聚精会神地注视着
篮筐并命中罚球。每一位顶尖选手都会长年累月地刻苦训练，为了
争取至高荣誉，他们甚至不惜伤筋断骨。职业运动员们为我们树立
了保持专注的好榜样，这是因为我们可以通过电视屏幕观察到他们
全神贯注的状态。在他们赢得胜利时我们会喜极而泣，而在他们不
敌对手时我们会扼腕叹息。他们向我们展示了始终与行动和目标保
持紧密联结的真正含义。

　　专注是我们的表现模型（即三脚凳）的第三条腿。在这三条腿
中，专注尤为独特，因为一旦缺少了它，你将无法取得成功。换言
之，你会在人生之路上止步不前。即使你在考试中不够冷静，你仍
然可以咬紧牙关并坚持到底。即使你的自信心发生了动摇，你依然
能够单纯地依靠自己的意志力（或采用连蒙带猜的方式）完成多数
试题。然而，你无法用任何办法弥补分心对自己造成的影响。如果
你不能将注意力集中于一点，那么你的表现必然会随之受到影响。
在缺少专注的前提下，你仍然能在考试中取得成功的原因是：（1）你
很幸运；（2）试题很简单；（3）你已经知晓了答案。倘若我是你，
就不会冒险将希望寄托于这些条件之上。我会选择学会如何保持
专注。

目标源于你的精神

归根结底，专注与你的内部能量源存在直接联系，这便是你的精神。你的目标会调动你的身体和思维，但它源自你的另一个组成部分，在本书中，我称其为精神或最终目的。请将精神理解为你的能量之源，它是激励你取得每一项成就的动力。

请回想自己下定决心要实现某个目标，并锲而不舍地为之付出努力的情景。你或许想要学会滑冰或做蛋糕，或许希望在化学考试中拔得头筹。你是否记得自己保持全神贯注时的感觉？当时，你很有可能感到心潮澎湃、热情高涨，并且乐在其中。

即使保持着专注的状态，你也仍然需要为自己从事的活动付出巨大的努力。专注不能代替实际行动，但它能为你带来回报，并且这种回报不仅发生在你冲过终点线的瞬间。在保持专注的过程中，你会体验到满足感，这是因为你拥有目标，并且正在全心全意地将它化作现实。这就意味着在前进的道路上，你在迈出每一步的同时都在满足自己的精神需要。

假如你切断与精神的联结，你便会陷入与上述情况大相径庭的窘境。如果你没有目标，或者背负着别人为你制定的目标，那么你就会感觉生活既缺少目的又毫无意义。然而仅仅拥有目标还远远不够，你还需要为之付出努力。如果你不断分心于其他事物，那么你所做的就无异于在原地打转。你会感到泄气，并逐渐心灰意冷。此时，或许你会产生这样的疑问：如果保持专注是我们理应拥有的自然状态，那么我们是否可以不费吹灰之力做到呢？我并不认为这种状态可以轻而易举地实现。你必须清楚如何树立目标，以及如何坚持不懈地为实现目标付出努力。专注的人能够取得成功是因为他们找到了途径且始终沿着这条路稳步前行，他们与自己的精神保持着联结。反之，不够专注的人会四处游荡并最终半途而废。他们不断地与自己的精神发生断连，因此对自己的表现造成了消极影响。如果你希望提高考试成绩，那么在由身体、思维和精神组成的这个团队中，这三名成员都必须时刻密切地参与到学习和考试的过程中来，并始终与你保持联结。

那么，你该如何与自己的精神保持联结呢？首先，你需要树立对自己而言具有重大意义的目标。下面，让我们看看具体该怎么做吧。

如何设立目标

不久前，两名焦虑不安的家长带着他们 16 岁的女儿前来向我寻求咨询。

艾莉是一名头脑聪颖的高三学生，她的学习成绩很好，网球打得也很棒。然而，在第一次挑战学术能力评估测试时，她的成绩惨不忍睹。在艾莉的家长面前，我问她：“你为什么来到这里？”她很快做出了回应：“因为我的妈妈希望我能通过学术能力评估测试。”

“哇。”我不禁心生感慨，“孩子在父母面前说出真话，这可真令人耳目一新。”我向艾莉父母的方向投去一瞥，并看到了他们瞠目结舌的表情。但艾莉并没有就此停住，她向我露出一个腼腆的微笑并补充道：“但是……我不想为之努力。”

时间仿佛在那一瞬间停止了。现在，每个人都在好奇我会对此情此景做出怎样的回应。在略作思考后，我伸手从椅子背后掏出一个装有闪闪发光的细沙的小瓶。我一边上下晃动着它一边说："看到了吗，艾莉，这个小瓶中装的是'魔法之尘'。你可以把它带回家，并在下次参加学术能力评估测试前的每个晚上在自己的头上撒一点，或许魔法会发挥作用并帮助你提高成绩。这样，你就可以放心大胆地参加朋友的聚会并观看自己喜欢的电视节目，而无须为考试付出丝毫的努力。"

艾莉闻言忍俊不禁。她立即明白了我的意思。

"魔法之尘"纯属无稽之谈，我手中的小瓶并不具有将人们渴望的目标转化为现实的神奇力量。为了实现目标，他们必须付出努力。不仅如此，他们的目标必须是自发的，而不是来自父母或他人的期望。尽管刚开始有些抵触，但像艾莉这样聪明的女孩不会自欺欺人。她跳出了与父母进行的这场徒劳的争斗，并意识到考上某一所大学是自己的目标，以及在学术能力评估测试中取得更高的分数是被该大学录取的必要条件。当她将更高的目标视为自己的追求时，她的精神便发挥了作用。她拥有了动力，并付出了相应的努力。在第二次参加学术能力评估测试时，她的成绩取得了明显的进步。

确保目标是发自内心的

你的目标必须发自内心，否则你很有可能不会为之付出努力。如果目标非你所愿，那么你又何必为它吃苦受累呢？如果有人为你做好了安排，那么当此人（通常是家长，也可能是老师）在你的耳边不断地唠叨时，你可能会为敷衍了事地表现出一定程度的努力。然而一段时间后，你会对这种状况感到厌倦。你会因此心怀不满，而对方会对此大为光火。最终，你会彻底失去兴趣并停止努力，而对方则会摆出家长或老师的架子，并以可能发生的消极后果为由对你百般斥责。这一切毫无乐趣可言。如果你希望在考试中取得好成绩的主要原因是摆脱父母的烦扰，那么你最好回到原点——你自己的出发点。你必须有为自己争取成功的意愿。

确保目标对你而言是重要的

面对"你希望获得什么"这一问题，如果来访者给出的答案是"我想考上大学""我想通过律师资格考试"或"我想取得驾照"，那么我就会继续询问他们："这是你最终的希望吗？"换言之，通过考试并不是终点，而是通向对于你的整个人生来讲更为重大的目标的一个步骤。在学术能力评估测试中取得更为理想的成绩，你便有机会被自己选择的大学录取。在通过律师资格考试后，你便可以实现成为律师的梦想。拥有了驾驶执照，你便可以自由地驾车前往自己喜欢的地方（假设你有车）。为了达成目标，你需要付出努力。如果你希望为实现目标竭尽全力，那么你的目标就必须与你前进的方向保持一致。这二者的一致性越高，你便越有动力为实现目标而通过考试。考试表现与你的人生息息相关，未来你的生活质量取决于你在当下的考试中表现出的水平。通过考试并不是终点，而是通向对你的整个人生来讲更为重大的目标的一个步骤。

请思考一项你即将参加的考试，并回答如下问题：你为何希望在考试中取得好成绩？请确保答案与你今后希望实现的愿景和想成为的人之间存在紧密的关联。请你在记事本中记下自己的重要目标，这一目标对你来讲意义重大，并且能反映出你希望实现的愿景。

在明确自己的目标后，为备考付出时间和努力就会变得更容易。你需要完成的实际任务或许并不简单，所学科目的内容或许枯燥乏味，老师也有可能无法为你指点迷津，即使如此，你仍然希望在考试时取得好成绩，因为你清楚对你来讲什么才是最关键的。

用"SMART"原则细化行动步骤

即使拥有了最理想的目标，你也仅仅是站在了起跑线上，而并非已经冲过了终点。通过想象光明且成功的未来，你可以为自己插上翅膀，但这些想象不会具体告诉你该如何实现目标。为了实现这个目标，你需要经历很多步骤。其中的每一步都是一个小目标，你需要为实现它们而采取行动。

如果你能以正确的方式规划自己的行动步骤，那么在面对挑战时，你的心中便会少几分畏惧，同时，你也能保证自己始终在正确的方向上前进。实现目标的过程并非粗暴的夺取。你不能一边说着"我要上普林斯顿大学"，一边走进校长的办公室，并向其要求一份四年的全额奖学金。你需要在努力克服困难的同时向梦想进发，并且一步一个脚印地采取行动。在下面的两个小节中，我将告诉你如何做到这一点。

对很多人来讲，他们的最高目标看起来非常庞大，甚至让他们感到束手无策。为了避免陷入绝望的漩涡，请你牢记：任何一个目标都可以被分解为小而可行的组块。这些组块便是你的行动步骤（毫无疑问，它们与你在应用建立自信的工具时设想的"小而可行的步骤"存在直接的关系）。

假设你需要为历史考试做准备。现在是周六下午，你有 3 个小时的时间。你会怎么做？首先，让我们来了解一下尼基在 3 个小时里为准备律师资格考试采取了怎样的行动。"为了避免手机铃声分散自己的注意力，我认为到图书馆学习是明智之举。我的目标是把全部资料都复习完，但面前厚厚的一大摞书和笔记令我感到不知所措。任务量看起来远远超出了我所能承受的范围，我无从下手。我花费了大量的时间考虑如何处理这些任务，最终什么也没做成。"

对你来说，这种状况是否似曾相识？在长达几小时的学习时间里，你所做的唯一一件事就是不停地翻书。尼基告诉我，她的目标是复习相关资料，但她看到的只是目标自身，并非行动步骤。在和堆积如山的复习资料面面相觑时，尼基就像一名仰望珠穆朗玛峰的登山者。她绝望地问自己："我怎么可能征服它？"她被庞大的目标吓得动弹不得。在缺少具体的行动步骤的情况下，尼基因自己的焦虑陷入了混乱。

为了避免重蹈覆辙，让我们采取一种明智的方式。请着手处理你需要复习的资料，并根据自己可以使用的时间将它分解为行动步骤。

第一步	12:00	根据章节整理笔记
第二步	12:20	仔细阅读第一章，标出重点
第三步	13:20	休息
第四步	13:25	快速复习第二章和第三章，格外注意重点内容，在复习完每章后进行测试并打分
第五步	14:15	休息
第六步	14:20	阅读前三章的课堂笔记
第七步	15:00	结束今天的复习，为明天要完成的任务制订计划

行动步骤将实现目标的过程分解为循序渐进的积累。在把任务分解为小而力所能及的步骤后，尼基感觉自己能够完成它们。她不会在迈出第一步的同时便感到手足无措，每个人都可以做到这一点。在复习的过程中采用这种方式有助于她更明智地利用自己的时间和精力。

为了更具体地辅导你制定详细的行动步骤，我将向你介绍一种经久不衰的方法。这种方法被称为"SMART"原则。如果你的行动步骤符合下列原则，那么它们便是明智的（即 SMART）。这些原则包括：

S = specific（明确的）

M = measurable（可测量的）

A = adjustable（可调整的）

R = realistic（现实的）

T = time-based（基于时间的）

我们该如何理解这些原则呢？

明确的：你的目标是准确而清晰的。

可测量的：你能够衡量自己是否实现了目标。

可调整的：你可以对目标进行调整或小幅修改，进而使其更适合你。

现实的：你的目标是能够在你可以利用的时间、精力和资源的范围内实现的。

基于时间的：你所制定的目标应与时间或日期挂钩。

引入这一原则是为了帮助你制定出在你的能力范围内可以完成的行动步骤。我们在此谈论的不是你"希望"实现的目标，而是切实可行的目标。为了实现目标，你要避免制定模糊不清、华而不实或难以实现的目标，并且采取精确、合理且可实现的步骤。

哈尔的事例有助于我们了解哪些行动是不可取的。哈尔正在为期末的生物考试进行复习。在整个学期，他在这门课程上的表现仅仅处于及格水平。在我为他提供的行动记录（见表 6-1）中，他在左边一栏中填写了自己的行动步骤。在右边一栏中，我针对他的行动步骤是否符合"SMART"原则做出了评价。

表 6-1　哈尔的行动记录

课程：生物　　　记录日期：3 月 10 日　　　考试时间：4 月 4 日

SMART = 明确的 / 可测量的 / 可调整的 / 现实的 / 基于时间的

哈尔的行动步骤	它们是否符合"SMART"原则
"复习所有内容。"	这一步骤过于笼统，并且缺少准确的定义。空泛、笼统且好高骛远的步骤看起来过于庞大，并且令哈尔感到难以承受。这类行动步骤更容易令哈尔感到束手无策，而不能为哈尔提供前进的动力。这一步骤不够明确
"展现我所知道的一切。"	这是一种模糊的表述，可以做出多种解释。你或许拥有很多知识，但它们并不一定是考试所评估的对象。"展现我所知道的一切"是一个不可测量的步骤
"我要在每天 14:00–17:00 进行复习。"	尽管这看起来像一个不错的行动步骤，但它并不现实。众所周知，即使是最理想的计划也难免遭遇突发事件的干扰。而我们现在看到的这一步正是死板且不可调整的
"我立志在考试中取得 100 分。"	迄今为止，哈尔在生物这门课程上的成绩始终徘徊在及格的水平。生物不是他最擅长的学科。实际上，仅仅是跟上进度就让他感到很吃力。哈尔的考试成绩是否能达到良好的水平都值得怀疑。由此可见，这一步甚至称不上是行动步骤——它更像是一个目标，并且不切实际
"我要做往年的试题，并且要正确地解出每一道题，无论花费多少时间。"	这一步成功的前提是哈尔拥有无穷无尽的时间，并且在准备生物考试之外不用干其他任何事。然而，他还要面对其他科目的考试，并且需要做日常生活中的其他琐事。这些活动都会占用哈尔的时间。这一步并非以时间为基础

　　在我们以"SMART"原则为基准对哈尔的行动步骤进行讨论后，他重新填写了行动记录。新的行动记录如表 6-2 所示。

表 6-2　哈尔的行动记录（修改版）

课程：生物　　　　记录日期：3 月 10 日　　　　考试时间：4 月 4 日

SMART = 明确的 / 可测量的 / 可调整的 / 现实的 / 基于时间的

哈尔的行动步骤	它们是否符合"SMART"原则
"在接下来的五天中每天复习一章。"	这一行动步骤是明确的。它用准确的词汇详细地表述出了哈尔在备考的过程中每天计划完成的工作量。在行动步骤得到明确后，哈尔了解了自己需要完成的任务，并且很容易界定该项任务是否已经完成
"在做练习题时追求 80% 的正确率。"	哈尔为自己提供了一条衡量成功与否的清晰标准。这一步是可测量的。如果哈尔的正确率不足 80%，那么他就可以对错题进行分析并做出必要的改正。在达到这一正确率后，哈尔便更有可能在考试中取得自己期望的成绩
"每天我都会查看日程，并为当天预留出 2 ~ 3 小时的学习时间。在可能的情况下，我会尽量不将这 2 ~ 3 小时的时间分割开。"	这一行动步骤体现了灵活性。哈尔意识到自己每天需要进行 2 ~ 3 小时的学习，并将这一步设置为可调整的，以适应每天不同的日程
"为了将自己的成绩提升至良好的水平，我会进行相应程度的学习。"	迄今为止，哈尔的生物成绩始终维持在及格水平。在这一步，哈尔鞭策自己稍作提高，同时没有给自己施加过大的压力。这个行动步骤是现实的。比起超出自己能力范围的期望，哈尔更有可能达成这个目标
"在处理往年的试题时，我会用 1 小时做题，再用 1.5 小时分析自己的答案。"	哈尔必须在备考和其他不得不做的事务之间取得平衡。以这种方式计划基于时间的行动步骤，保证了哈尔在完成学习任务的同时仍有时间处理其他必须做的事务

在针对每一项考试进行复习时，你都需要以"SMART"原则来

规划行动步骤。这样做的好处有两个：首先，面对大量需要学习的资料，合理地安排时间并设置切实可行的短期目标有助于你保持理智；其次，"明智"的目标有助于你按照清晰的条理对任务进行分类，并且确保每项任务对你而言都是力所能及的。

重要提示：在将行动步骤转化成语言的过程中，你要表达的是自己需要完成的任务，而不是不可为之的事项。换言之，你要以更积极的方式来表述自己的行动步骤。否定式的行动步骤听起来带有苛责的味道，并且不能为你提供直接的帮助。"不要心急。""别忘了标出考试中可能出现的重点。""不要漏掉任何重点。"这些表述会迫使你的思维反戈一击，并发出"不要对我指手画脚"的抗议。积极的行动步骤有助于你保持更理想的心态，并保证你在正确的方向上前进。

在你看来，或许遵循辅导使用"SMART"原则就像我强加在你身上的另一项规则。要明确！要灵活！要现实！很多人不喜欢被规则束缚，但我可以向你保证，这并不是一个对你进一步提出要求的规则，而是一种"明智"的范式，它的初衷是让你的生活变得更轻松。

学会休息

在下一节中，我将向你介绍如何保持专注并实现自己的目标。但在此之前，我希望利用本节向你提供一个实用的建议，它将帮助你成功应对在实现目标的过程中遇到的挑战。这个建议是学会按照计划有规律地休息。学生普遍认为自己能够在几小时内不间断地进行学习，并在此过程中始终保持清醒且专心致志的状态。但这种预期是不现实的。针对认知功能（即人类如何进行思考和学习）进行的研究表明，对理解并记忆信息来讲，以最佳状态持续学习 20 ~ 40 分钟是最理想的。由此可见，休息片刻实际上对你的表现有所裨益。正如我在第 4 章所讲，你有必要不时地调动副交感神经系统以让自己冷静下来。如果你不为自己安排偶尔的休息，那么你的交感神经系统——它负责让你保持觉醒，感到焦虑，并产生或战或逃的反应——就会将你的精力消耗殆尽。对认真的学生来讲，持续进行 2 ~ 3 小时的学习似乎是约定俗成的基本要求，但通常这种强度的学习会造成适得其反的效果，并且会不断地消磨个体可用的能量。

我经常建议来访者购买一个厨房用计时器，并将它设定为 30 ~ 45 分钟。请持续学习直至闹铃响起，然后休息 5 分钟。休息结束后，请重新设定计时器并继续学习。在如此循环三次后（大约 1.5 小时），请进行更长时间（15 分钟）的休息。定时休息并清楚自己确实会按计划休息有助于你放缓节奏，并且避免陷入筋疲力尽的窘境。你会将休息视作放松和转移注意力的机会。除此之外，将休息视作学习过程的一环意味着你无须因中断学习而感到自责。在完成了一部分任务后，几分钟的短暂休息是你理应获得的回报。在一次休息结束后，你清楚自己在不久之后仍然可以获得休息，这种认识有助于你以良好的心态重新投入到学习中。

我曾接触过一些不敢放任自己休息的学生。基于过去的经验，他们担心自己会将 5 分钟的休息延长至半小时甚至 1 小时，进而浪费掉整个下午的时间。在长时间进行学习后，抵触情绪已经根植于他们心中，导致他们不想重新开始努力。他们经常表示："一旦离开课桌去做其他事，我就不想再回来了。"这种现象确实有可能发生，但你可以通过练习摒弃这种习惯。你有必要为自己安排休息时间，并且学会在休息结束后重新投身于学习中。如果你勉强延长自己持续学习的时间，那么你吸收知识的效率就会降低（通常发生在开始学习的 45 分钟之后）。如果你感觉自己采取的行动有悖于自己的意志，那么你的意志就会变得愈发疲劳，并产生抵触情绪，进而导致短暂的休息演变成长时间的懈怠。在下一章中，我会就如何进行有效的休息为你提供更多的建议，并且向你讲授有助于保持专注的其他方法。现在，请你首先购置一个厨房用计时器。

综上所述，构想出对你而言真正有意义的目标是保持专注的第一步。制订详细的计划按部就班地实现目标是第二步。现在，你清楚了自己的愿景及实现它的方法，但你能否真正付诸实践吗？

分心是成功路上最大的绊脚石

有了清楚的行动步骤，你便了解了自己需要采取的行动。然而在此基础上，你仍然需要将这些步骤付诸实践并始终向着目标前进。例如，你明白自己需要利用今晚的时间复习历史课本中的某一章，这意味着你明确了专注的对象。但当你打开课本并开始复习时，实际情况又会如何呢？

让我来告诉你答案：你有可能会顺利地开始并完成复习，但和多数人一样，你也有可能被其他事物分散注意力。尽管制定了详尽的行动步骤，我们依然会遇到分心这一问题。它是妨碍我们学习并在考试中表现出最佳水平的最大的绊脚石。

分心、分心、分心

在三脚凳模型中，分心是专注这条腿的头号敌人。在你为实现目标采取行动的过程中，它会阻断你前进的势头。你开始为完成某件事付出努力，但最后却发现自己浪费了一整天的时间处理那些无足轻重的琐碎任务。这些任务既不在计划之中，也与你的目标风马牛不相及。你有过多少次类似的体验？

分心是与精神发生断连的一种直接表现。首先，你的注意力发生了转移。接下来，你会因为可以不用处理眼前的任务而喜欢上这种状态。最终，随着时间大量流逝，你的压力水平会不断地提高，你会因此陷入焦虑或抑郁。它会从保持注意的过程中出现的一个小小的断点发展为你需要为之接受心理治疗的重大问题。

分心是你的敌人。一旦你对它采取放任的态度，它便会抓住一切机会将你击倒。如果分心是每个人都会承受的苦难，那么你将如何战胜它们？换一种更为积极的说法，你将如何避免断连并朝着自己的目标不断前行？做到这一点这并非难事。正如我们在前面有关冷静和自信的章节中看到的，你需要做的只有两件事：（1）在发生断连——在本章中指分心——时有所觉察；（2）使用特定的工具重新建立联结，并让自己重回正轨。

培养自己的觉察能力

你需要培养自己的觉察能力，以便在开始偏离航向的瞬间意识到自己正在分心。之所以强调这一点，是因为很多人的注意力会在不知不觉间被分散。在自己的思维神游 1 小时后，他们才如梦方醒地表示："等等，我一直都没在听讲。"还有一些人清楚自己走神了，却对此矢口否认。他们会寻找借口为偏离航向的自己进行辩护："我不得不离开书桌去洗衣服。这是我必须处理的任务，而不是分心的表现。"

斯科特的事例很好地说明了这一点。在医学院就读研究生的第一年里，斯科特的成绩逐渐落于人后。在本科阶段，他的表现很优异，但在研究生第一学期的期末考试中，他的成绩大幅下滑。最初，他没有将考试前最后几天才开始复习的做法视作问题，因为在高中阶段，他总是依靠这种方法应付过关。"不过现在，"他坦言，"要学习的内容太多了，我不能把它们全部拖到最后。"值得肯定的是，他制订了一项详细的学习计划。然而积习难改，斯科特不断分心于计划外的事物，并且对此一无所知，甚至对自己没能学习完所有内容感到大惑不解。下面我将向你展示发生在我们早期的会面中的一段对话。

斯科特：我计划从中午开始学习，一直学到下午四点，然后去锻炼身体。

我：请告诉我在你坐下来开始学习后发生了什么？

斯科特：首先，我拿出了书和笔记。但我发现自己的模拟试卷排列得乱七八糟，所以我就将它们按顺序整理好。

我：这花了你……

斯科特：半个小时。

我：之后呢？

斯科特：然后我削了铅笔，并且给我的女朋友打了电话，提醒她买做意大利面用的香肠。那天晚上我们要请朋友来作客。接着我喝了一杯水，去了趟洗手间，并在之后坐下来学习。

我：当时的时间是？

斯科特：我想已经是下午一点了。

我：之后你做了什么？

斯科特：我打开生物教材的第一章并开始学习。

我：听起来不错。你学了多久？

斯科特：大约一小时。

我：也就是说在这一小时的时间里，你始终在目不转睛地研读教材？

斯科特：基本是这样。好吧，我只能说在一定程度上是这样的。我必须去看看我的狗。兽医给它的腿裹上了绷带，所以我需要查看它的状况。另外我感觉有些饿了，就喝了一杯牛奶……还吃了一块饼干。吃饼干是不得已的！

我：不错。但是斯科特，听起来你好像在说自己希望学习，但总是受到其他事情的干扰。

斯科特：多少是这样吧。但那些都是我需要做的事。

我：哦，这是毫无疑问的。但我好奇的是，你是否一定要在当时去做这些事？你的计划难道不是被这些事打乱了吗？

斯科特：你可以这么说。

我：我确实是这么说的（我们都忍俊不禁）。

斯科特继续向我讲述他在余下的学习时间里所做的事，我发现他没有将时间用于学习。他先后三次去查看自己的狗，并且长时间和女朋友讨论应该在意大利面里放哪种香肠，最终却发现其中一位客人是素食主义者。此后他又去了一次洗手间，并对冰箱里的食物发动了"突袭"。在讨论结束时，斯科特表示："真不敢相信我做了这么多与学习无关的事！我确实以为自己当时在学习。"

斯科特竟然把全部的时间都花在了分散注意力的事上，他对自己不专注的状态浑然不觉，并且没有产生丝毫危机感。或许你同样对此感到难以置信，但请你相信，在我从事表现辅导工作的 50 年里，我一次又一次地目睹过这种情况。我听到过在本该专心学习的时间里学生们可能从事的每一种令他们分心的活动，并将它们编制成了一份清单。这份清单中的分心活动并非按照发生的频率进行排列的，但它有助于你了解人们面对的状况。

分心活动清单

以下哪些符合你?

- 看电视
- 玩电子游戏
- 和朋友外出
- 看视频网站
- 发短信
- 去酒吧
- 剪指甲
- 整理书桌
- 收拾自己的房间
- 大扫除
- 查看社交软件
- 思考人生
- 外出逛街
- 吃东西
- 考虑去逛街
- 考虑吃东西
- 打开冰箱查看
- 打电话
- 看股票

- 用吸尘器清洁地面
- 开车兜风
- 看电影
- 上网
- 去海边
- 听音乐
- 处理没用的试卷
- 洗衣服
- 付账单
- 玩 iPad
- 整理钱包
- 把试卷分类归档
- 看报纸或杂志
- 投简历
- 玩飞盘
- 网上购物
- 查看邮件并回复
- 去商场
- 担心经济问题

- 去健身房

- 考虑去健身房

- 打盹儿

- 打篮球

- 玩滑板

- 和宠物玩

- 浇花

- 盯着死去的植物发呆

- 修剪植物

- 看书

- 列清单

- 抱怨

- 四处溜达

- 睡觉

现在，请将你经常从事的分心活动添加进这个列表。

在阅读上面的清单时，你可能会停在某些项目上并自言自语道："不错，我确实去买吃的了。但我需要这样做。人总是要吃东西的！"我能理解这种想法——在上述列表中，有些事确实是你需要做的，但不是在你应该为考试进行学习的时候去做。如果你固执地认为自己无法回避这些琐事，那么请你扪心自问："我真的必须现在去逛街吗？为了这件事牺牲未来安稳的生活是否值得？我是否只是因为不想用功读书在分散自己的注意力？"

我的来访者经常将这种行为称作"拖延症"。或许在你看来，这是一种与生俱来的病症，属于人们固有的本性，并且会代代相传。事实并非如此，它既不属于天性或本质，也不会遗传，更不是一种会随空气传播的疾病。拖延不是你偶然遭遇的现象，而是你的所作所为。拖延自身是一种行动。人们用这个听起来别具一格的流行语代指分心。你把自己应该做的事抛在脑后，而去从事其他的活动。你将注意力放在其他事上，而没有专注于学习。保持专注的关键在于将自己的能量和注意力引导到任务上。而拖延行为则会浪费你的能量，并将你的注意力分散到无关紧要的琐事上。

正如人在感冒时会出现流鼻涕和打喷嚏等症状，因分心与目标断开联结也会造成相应的表征。你需要了解一下这些表征。当你放任自己的行动并偏离目标时，你与自己的精神发生断连的相关的表征也会随之出现。这就是为什么你需要培养觉察分心的能力，只有做到这一点，你才能停止分心，并且重新与自己的精神和目标建立联结。下面就让我们来了解你稍微留心就能观察到的表征。

分心的常见表征

- 你突然感觉令自己分心的活动比学习更重要。
- 在将全部精力都消耗在其他事情上后，你感觉精疲力竭。
- 你感到精神紧张，因为在内心深处，你很清楚考试正在向你逐步逼近。
- 你的思维陷入混乱，充斥着"我应付不了……""我不知道如何是好……""我不确定……"等想法。
- 你并非仅仅感到焦躁不安，而是完全被焦虑情绪控制。
- 你对自己抱有的信念产生了动摇，这是因为你又一次没有说到做到。
- 周围的人不断催促你采取行动，并对你失去了信心，进而开始质疑你的初衷。

你在分心时会出现哪些表现？请将它们记录在你的记事本中。

你必须学会自主地对分心的状况有所觉察。等待其他人提醒你重回正轨意味着你选择依赖外部提示，但这种做法存在两个问题：首先，除非你雇用贴身侍者，否则不会有人时刻在你的身边监督你；其次，当有人不断催促你时（如家长或老师），你会产生抵触情绪并感到愤怒。没有人喜欢别人对自己发号施令。

然而，如果你能使用内部提示，那么情况就会大不相同。内部提示是你的某种想法或情绪，它能帮助你意识到，"我正在分心于其他事物，而没有保持专注。""我需要重回正轨。"为了做到这一点，你必须学会以非评判的方式指出自己所处的状况，这是因为，如果你批评自己或以威胁的方式（就像一位愤怒的家长或沮丧的老师所做的那样）和自己交谈，那么你就会感觉自己正在受到惩罚。"快回去学习，否则我就对你不客气！""如果你没有通过这次考试，看我怎么收拾你。""你真是个废物。你竟然没有学习！"你是否熟悉此类指责？如果在现实生活中你不会以这种方式和一个 5 岁的孩子交谈，就请你也不要如此对待自己。换言之，请你尝试将我们在上一章中处理过的消极的内心独白视作分心的信号。

练习 6-1 将告诉你如何以一种不带有威胁或评判性的方式觉察自己发生了断连。它将帮助你培养对保持专注来讲必不可少的内部提示。

练习 6-1 分心的表征

（用手机微信扫描二维码，
即可边听边做）

经过练习，你会发现分心的状态伴随着某些情绪。一旦我们学会识别这些情绪，它们就能提醒我们所处的状况。对你来讲，至关重要的一点是培养敏锐的觉察能力，并在学习的过程中尽早发现分心的表现，以便采取措施进行弥补。当进入考场时，你就没有机会了。时间不等人，每一分每一秒都显得弥足珍贵。在思维开始神游的瞬间，你必须确保自己的"觉察器"立即亮起红灯。这样你才能重新掌控自己的注意力，并全神贯注于考试。

在考试中不能保持专注的主要后果是浪费时间。无论你是否专注于解答试题，时间都会流逝，并且一去不复返。而一旦知觉到时间的流逝，你便会自然而然地体验到强烈的焦虑情绪，它将进一步导致你难以专注于试卷上的问题。在这一过程中，你的精神会与你断开联结，并渐行渐远。不仅如此，当你在考试中分心时，你的思维也会随之变得涣散。这种现象通常会对考试结果造成消极的影响，这是因为实际上很多考试考查的重点在于你能否持续不断地通过思考解决复杂的问题。

为了更敏锐地觉察分心和不专注，请你在记事本中记录自己分

心的情境和方式。通过持续不断地记录，你会发现自己分心的频率
远远高于你意识到或愿意承认的水平。

如果你在日常生活中的其他方面也会习惯性地分心，那么这种
不良的习惯在考试的过程中必然也会出现。如前所述，每一项考试
都会挑战你在某段特定的时间内将注意力专注于一点的能力。因此，
那些对自己分心的方式和随之而来的感受缺少觉察的人，会在考试
中败下阵来。判断不专注是否已经成为一种习惯的方法是，观察自
己是否无论怎样下决心做出改变，也仍然会经常分心。除此之外，
这种习惯也会反映在你的考试成绩上。

如果你反复将自己的注意力转移到愉快或不愉快的任务或想法
上，或者总是等到最后一刻才开始学习，并通过强调自己没有问题
（"这就是我的学习风格"是常见的说辞之一）对临阵磨枪的行为进
行合理化，那么你便是在拒绝接受现实。你确实遇到了问题。或许
在小学甚至高中阶段，分心和拖延没有对你的成绩产生负面的影响，
但这是因为你的头脑足够聪明，并且所学的知识对你来讲相对简单。
但进入大学后，你身边的同学便不再是小男孩和小女孩。此时，你
会面临真正的竞争。而当你进入研究生阶段，你需要面对的则是更
大的场面和更强的对手。"别担心，我能控制自己的行为，我会在最
后时刻搞定"的学习模式将无法保证你渡过难关。对从未尝试调整
自己行为的人来讲，这种模式恐怕已经根深蒂固。他们的行为固化
成了习惯，而习惯有可能会持续终生。在以目标为导向的就业市场
中，专注的对手每一次都会将你打得落花流水。

不承认自己拥有某种习惯的人无异于瘾君子：他们习惯性地从事自我毁灭的行为，并对此矢口否认。终有一天，你将不得不面对自我和自己的所作所为，并在反思的基础上扪心自问："如果我继续保持这种状态，那么我还能通过考试吗？我还能毕业吗？"你必须对自己的行动有所意识，将事实和盘托出，接受自己在学习的过程中不断分心，并且正在自食其果的现实。

此时，你才迈出了第一步，即有所觉察。你清楚自己正在分心，并愿意面对这一问题。然而不幸的是，这并不一定意味着你希望改变现状。你仍然需要问自己："我真的希望停止分心并开始集中注意力吗？"有些人会给出否定的答案，这是因为分心并没有给他们造成不快，他们甚至乐此不疲。我曾经询问一名学生，在将注意力从手中的任务上移开时，她的感觉如何。我本以为她会告诉我这令她感到沮丧，但她却高兴地回答说："比起学习，我显然更愿意和猫玩。"对她来讲，分心是一种很享受的休闲方式。对此，我一度想说："啊哈，逗猫当然比学习微积分有意思，但这不是重点。"不过我没有将这些话说出口。我只是询问她，在距离考试还有一小时的时候，当她想起自己为了和猫玩耍而浪费了多少学习时间时，她有何感想。面对这个问题，她的情绪状态急转直下。她告诉我："我慌了神，并陷入了混乱。"由此可见，不努力保持专注可以带给你一时之快，但从长远来看，这种做法会对你造成破坏性的影响。在步入考场时，她承受着焦虑带给自己的痛苦，而在考试结束后，她既恐惧将糟糕的成绩拿给家长，又不愿面对老师流露出的失望之色。这名学生习惯选择分心于令自己感觉快乐的事物，并将学习抛在脑后。这种习惯不会自动发生改变，她需要采取行动来实现转变。

好消息是，如果你有上述习惯且愿意努力做出改变，就说明你有机会摆脱它。你能够打破无益的旧习惯，并形成对自己有所帮助的新习惯。不仅如此，如果你使用我即将在本节中教给你的工具，那么你实现改变的可能性就会大大提高。理解并使用这些工具并不需要你学习专业的心理学知识。它们看起来很简单，并且确实如此。然而，尽管做到这些简单且平淡无奇的事就能够提升自己，人们却依然不采取行动，这种现象总是令我感到很奇怪。他们一边不断地重复着对自己毫无帮助的固有的行为模式，一边认为自己可以通过某种神奇的方法实现改变。

为了实现改变，你必须采取行动。你不能坐在椅子上盯着墙壁，同时期待自己摇身一变成为一个不同的人。世界上既不存在只需一颗就能治好你的恶习的灵丹妙药，也不存在能让你的固有行为模式在转瞬间消失不见的神奇咒语。习惯不会对你有所作为，是你在实践着自己的习惯。因此，如果你希望局面有所改观，就必须自主地采取不同的行动。

想必你也清楚这条物理定律：运动的物体会始终保持运动状态，直到它受到大小相同且方向相反的力。与之同理，如果你希望不再被坏习惯驱使，就需要付出相同的努力来抵消它。你必须实际采取不同的行动，而不仅仅是停止固有的行为。在停止原有的行为后，你需要做其他一些事来填补它留下的空缺，如若不然，固有的行为便会抬头，并且会再度活跃起来。你需要做的是通过有效的过程按部就班地改变特定的行为。在重复的基础上，这一系列有益的行动便会成为你的新习惯。

你需要借助下面三种工具来训练自己，这三种工具便是你需要的一切。你必须下定决心并坚持不懈地使用它们。

工具1：停止分心

现在，请你想象自己正在以心不在焉的状态参加一场考试。考试的时间是周五下午，一旦考试结束，你就要去海边欢度周末。在你为此感到欢喜雀跃之时，监考老师突然宣布："离考试结束还有30分钟。"这句话令你如梦初醒，并跌回现实中。你因为幻想在沙滩上品尝烧烤而浪费了多少时间？如果你能意识到自己正在走神，并且告诉自己"等等，周末还没有开始，我的思维跑偏了"，那么你的处境会大有不同。只有做到这一点，你才能抑制分心并专注于当下。

练习6-2将向你展示如何使用第一种工具停止令自己分心的活动。

练习6-2　停止分心

（用手机微信扫描二维码，即可边听边做）

　　莎伦是一名医学生，她向我讲述了自己在解剖学期末考试中的经历。在这场考试中，她亲身体验到这种工具的益处。

　　"第二题让我感到非常棘手，因此我开始设想最糟糕的情况。我告诉自己，'天啊，我会错失奖学金，并且永远无法从医学院毕业。'在那一刻，我受困于令自己感到焦虑的想法，并且束手无策。此后，我突然意识到，'我正在因不安而分心！'因此我立即使用了第一种工具。我停下来并询问自己，忧心忡忡的状态能帮助我在考试中名列前茅吗？'毫无疑问，答案是'不能'。想到这里，我立即重新投入考试。这种情况在之后的考试中反复出现了几次，但每一次我都能更容易地发现问题并停下来。我没有让消极观念打乱自己的考试节奏。"

　　毋庸置疑，莎伦并不是在考试中首次尝试使用这种工具。在平时学习的过程中，她对自己进行过训练。在走进考场并面对眼前的试卷前，她就已经掌握了阻止自己分心的方法。

　　注意力涣散会导致你在前进的途中迷失方向。如果你不能有意识地努力停止分心并转变前进的方向，那么你就会因惰性而感到无精打采，并将时间浪费在难以摆脱的习惯上。人们更倾向于选择轻松的生活或享受一时之快，放任自己的注意力漫无目的地在原地打转。换言之，滚下山坡远比努力登顶更为轻松。但随着时间的推移，在人生不断走向终点的过程中，你会与自己的目标渐行渐远。

　　我们可以将分心比作进入梦乡，而停止分心的努力就像是铃声大作的闹钟。它会将你唤醒，并帮助你重新和自己的潜能及最高层次的自我建立联结。如果你不能停止诱使自己偏离航向的活动，那么你就会开始四处漂流。你漂流得越远，就越难重新回到对自己而言重要的事物上。

只有首先停止分心，你才有机会选择从事其他活动。毫无疑问，在面对考试等困难时，每个人都希望不费吹灰之力就能渡过难关，然而遗憾的是，向困境发起挑战并非易事。

不仅如此，我们所讲的停止分心意味着你必须采取实际行动，而不是空想。在你已经因分心而偏离航向的前提下，仅仅产生"我应该停下来"的想法是不够的。假设你本应为明天的考试进行复习，却发现自己在给姐姐打电话。此时，你在大脑中告诉自己应该挂断电话是无济于事的。只要你没有实际挂断电话，分心活动便不会停止。在思维层面催促自己停下来并不等同于实际停止正在从事的活动，人们经常将这二者混为一谈。为了切实地停止分心，你必须挂断电话并重新拿起书本。

我经常告诉来访者："不要等到撞上南墙再回头。"但是，为什么做到停止分心这件小事如此之难呢？请将它视作你的两个自我之间进行的一场战争：其中一方是已经成年的你，而另一方则是年幼的儿童。成年的自我懂得延迟满足，理解努力的意义，明白为准备考试投入时间的重要性，并且能够将享乐推迟到学习之后。而作为儿童的自我则追求即时的满足，比起努力更喜欢玩耍，希望将时间投入到有趣的事上，并渴望当即获得快乐，而不愿忍耐。儿童只对能立即满足自己的活动感兴趣，如吃东西、摆弄玩具、吸吮手指及拥抱母亲。在你的体内，儿童的自我或许同样希望获得好成绩，并且能够理解成年的自我拥有的每一个目标所蕴含的价值，但它只是不愿意为实现目标付出努力或做出牺牲。

尽管小孩子看起来既无助又脆弱，但你需要清楚的是，他们同样是任性妄为的"暴君"。他们不惜借助发脾气的方式让他人接受自己的要求。在你为考试进行学习的过程中，你内心的小孩会为了满足自己而对令你分心的事物做出反应。清除分散注意力的事物就像从小孩的口中夺走带给他快乐的奶嘴。他并不喜欢这种做法，因此他会一边号啕大哭一边叫嚷："你为什么要这么做？快把它还给我！"对于一个需要学习的人来讲，这无疑是一种阻力。"我不要关电视，这是我最喜欢的节目。"此时的你无异于哭喊着索要奶嘴的孩子。

可爱的小孩确实令人心生怜爱，但你已经不再是孩子了。或许你的心中仍然住着一个孩童，但它并不等同于你。你是一个需要面对考试的成年人，而你内心的小孩无法帮助你通过考试、找到一份好工作，并在今后的人生中不愁温饱。小孩只会坐等他人的照顾，而作为成年人的你则需要有所行动。在未来没有保障的前提下，你不能冒险让内心的小孩接管局面。杰森的例子就属于这种情况。

杰森是一名高三学生，正在为第三次参加学术能力评估测试做准备。在前两次考试中，他的表现非常不好。如果杰森仍然不能通过考试，那么他就只剩下最后一次机会了，因此，他承受着巨大的压力。杰森所面临的最令人费解的问题在于，他经常答错简单的题目。造成这个问题的原因也非常简单：他总是飞快地阅读问题，以至于没能很好地理解题意。在整场考试中，杰森一心想做的便是草草了事，然后投身于自己既喜欢又擅长的网球运动中。杰森不愿通过训练放慢自己读题的速度，他只想练习如何更好地回击落地球。他直言不讳地告诉我说，他仍然没有认真阅读与学术能力评估测试有关的书籍，这是因为他无法停止打网球。他心中的小孩似乎总能为所欲为。鉴于这种状况，我决定唤醒他作为成年人的自我。下面是我们的一段对话。

我：杰森，你的目标是什么？

杰森：（带着得意的表情）我希望赚很多钱。

我：这听起来很不错。你打算如何做到这件事？

杰森：找一份好工作。我希望成为股票经纪人。

我：在高中毕业之后吗？

杰森：不可能，我必须先上大学，然后取得商学院的研究生学位。

我：我明白了。那么你怎样才能进入大学呢？

杰森：（做出一副不悦的表情）我得在学术能力评估测试中取得好成绩。

我：不错。但如果你更愿意去打网球的话……

杰森：两个月后我还有一次参加学术能力评估测试的机会。

我：两个月的时间能带来怎样的变化呢？

杰森：（陷入沉思）我不清楚。

我：你的意思是说，你宁愿现在继续打网球，并在学术能力评估测试中再次取得糟糕的成绩，然后两个月后重复这种体验吗？

杰森：好吧，如果你这样说的话……

经过这次交流，杰森发现他可以选择停止取悦自己内心的小孩，并重回正轨。他可以立即采取行动，而不是等待虚无缥缈但又不可回避的未来。至今为止，他始终在自己希望的时间从事自己喜欢的活动。我向杰森传达的信息是，如果他继续我行我素，就会将未来彻底抛在脑后。和其他所有儿童类似，杰森心中的孩子同样任性且冲动。他的需要清楚且直接：我想打网球，我不想学习。如果他坚持这种取悦内心小孩的行为模式，就会在原地止步不前。可以预见的是，他在成年后会缺乏目标并饱受挫折。他会不断遭遇失败，与机会失之交臂。

在练习 6-2 中，我们采用的是以目标为导向的逻辑。在练习中，你曾经向自己发问："分心去做这件事是否有助于我实现目标？"以目标为导向的逻辑行之有效，在你发现自己难以停止分心时，我鼓励你采用这种逻辑。它会迫使你认真看待自己的行为可能造成的后果。当你真正意识到继续偏离航向会令自己陷入窘境时，另外一种选择——停止分心——便会显得更有价值。你将教会自己内心的孩子延迟满足的必要性和意义。你会告诉他："让我们先把眼前的任务做好，然后我们就可以做自己喜欢的事。"

简而言之，当你分心时，请使用第一项工具：停下来！然后扪心自问："分心去做这件事是否有助于我实现目标？"

你的回答是："不能！"

至此，你便为使用第二种工具做好了准备。

工具 2：倾听内心的声音

停止分心只是我们借助工具迈出的第一步。你需要另一种工具来调整行动的方向，以便自己重新向着目标前行。我将通过练习 6-3 向你介绍保持专注的第二种工具。

练习 6-3　倾听精神的诉说

（用手机微信扫描二维码，即可边听边做）

第二种工具是倾听并接受内心的引导，这意味着你需要倾听自己内心的声音。但在最初尝试倾听时，你会听到很多声音。你需要思考自己的目标是什么——假设是为下周二的考试做准备——并在听到的信息里寻找与它建立联结的方法，专注于这条信息并忽略其他的声音。你内心的某个部分清楚自己需要为准备考试采取怎样的行动。

这场考试或许不是你人生中最重大的目标，但它同样具有重要性，因此，它与你最高层次的自我密不可分。在你为实现目标奋力拼搏的过程中，最高层次的自我——你的精神——参与了你所做出的每一个大大小小的决定。

每个人的心中都存在这种声音，在包括学业在内的各种情况下，它始终在为我们提供明确且有帮助的指引。假如乔安妮最近一直挂念着自己的某位朋友，那么这个声音会说，让她给这位朋友打电话。假设罗杰在为选择哪位牙医而苦恼，那么这个声音会告诉他，选择朋友为他推荐的那位。在马乔里为顾客按摩肩膀的过程中，这个声音会提醒她，在这个地方用力。这些声音来自他们的精神，是一种不停播放的内部指令，让我们对生活中的各种情境做出反应，并给出清楚且有益的辅导。

在这场由多种声音汇聚而成的大合唱中势必会存在互相冲突的信息。有时候，这些声音似乎会一起开始喋喋不休。我很清楚，有些人在做出具有伤害性或破坏性的行为后会表示，他们是倾听了自己内心的声音。与之同理，消极的内部声音会以一种更温和的模式促使人们养成不良的习惯。它劝说人们懒散度日并逃避责任。如果进一步恶化，它会教唆人们染指包括酗酒、赌博、不安全性行为和吸食毒品在内的成瘾行为。而当它呈现出最阴暗的一面时，将怂恿人们说谎、欺骗他人、偷盗甚至杀人。直截了当地讲，这便是恶魔的声音。

那么你该如何辨别自己应该倾听哪种声音呢？你必须意识到，在这场大合唱中，只有一种声音是与最高层次的自我（即你的精神）

紧密相连的。为了辨别出这种声音，你需要学会去伪存真。你可以从这条线索入手：最高层次的自我发出的声音时刻指引你采取对自己和他人有益的行为，而不会唆使你做出具有伤害性的行为。

最高层次的自我所传递的信息会引导你采取下一步的行动，并向前迈进，而这一行动将引领你走向自己真正追求的人生目标。它所发出的声音连接着光明，并且会告诉你如何与自己的最终目的保持一致。

从现实的角度来讲，在面对考试时，你该如何识别出这种声音呢？首先，你要将它同其他声音区别开来。苏珊是一名大二学生，她必须在课下完成一门课程的期末论文，但她始终分心于其他事。我请她注意大脑中出现的所有声音，她数了一下，一共有 7 种。

我们将它们一一列出，然后发现其中的每一种声音都试图将苏珊推向不同的方向，如表 6-3 所示。

表 6-3　苏珊的内部声音

声音编号	所说的内容	方向
1	"选一个容易写的主题。"	逃避
2	"算了吧，你永远也写不好。"	放弃
3	"你为什么对这件事如此感兴趣？"	质疑
4	"写论文太难了，实际上你并不想做这件事。"	抵触
5	"你没有能力处理这些难懂的资料。"	批评
6	"你很棒！你能完成自己着手的任何事。"	表扬
7	"你必须写出论文中包含的六大重点。"	行动

尽管这些声音都没有错，但你需要倾听的是第 7 种声音，因为它为实现目标提供了清楚的引导。

为了证实哪一种声音源于你的精神，请采用科学的方法并将其付诸实践。如果这种引导将你带回了正轨，那么它便是你的精神之声。如果它导致你不再专注，那么它便不是你需要识别的声音。

在多年辅导人们实现目标的工作实践中，我确信在每个人的内心都存在这种声音，并且我们都能够接收到它所发出的信号。但是，我们是否选择倾听这种声音并跟随它的引导是另一回事。

如果你很难把握这种内心的声音究竟是什么，我可以为你提供一种有助于理解的方法。我会这样告诉我的来访者：

首先，请在一张纸上写下自己名字的大写首字母。我的名字写出来是 BBB。你的名字的首字母是什么？请将它写在你的记事本中。

接下来，如果你居住在密西西比河东部，就请在首字母的前面添加一个 W，而如果你住在密西西比河的西部，就请在首字母前添加一个 K。

你写出了怎样的字母组合？

对我来说，我是纽约的 WBBB，或者加利福尼亚的 KBBB。

它听起来像什么？

不错。它就像一个广播电台的名称。它是属于你的个人广播电台。

这便是你要倾听的声音，是你所拥有的私人频段。在一年 365 天的时间里，它以每周 7 天、每天 24 小时的频度不间断地在你的内部向你播放广播，并时刻为你提供引导。你的思维就像是一台在不同的电台之间不断切换的收音机。一旦打开开关，你就能听到来自五花八门的电台的各种声音，但其中只有一个是你的个人广播电台，它所播放的内容源于你的精神。

你同样拥有自己的"精神之声"广播电台。当你准确地调到自己的频段时，就能接收到一个清楚的信号，它将提示你如何立即专注于对你来讲至关重要的事。它所提供的信息的重要程度千差万别，它可能会提醒你立即去医院诊断胸口感到的不适，也可能仅仅是帮助你决定下学期要选择的选修课。人们通常认为，高层次自我的使命是处理宏大的人生问题，如"我为何存在于世，生活的意义何在"。但人生是由平淡无奇的活动组成的，而每项活动中所包含的选择都将引领你走向某个特定的方向——或是实现你最大的潜能，或是陷入停滞并走向毁灭。这便是为什么在直面每一次挑战、每一个选择和每一场考试时你都要倾听自己内心的声音。你所做的每个决定都将对你的成长起到促进或阻碍的作用。

人们对这种为自己提供帮助的声音的描述不尽相同：有些人表示它让自己获得了冷静，有些人知道这个声音所诉说的是正确的事，有些人因为它终结了自己的思想斗争而感到平静，还有些人意识到这个声音会引领他们走向成功并因此对自己的能力充满自信。倾听内心的声音并非易事。有些时候，我们会将它视作闹钟上的"稍后提醒"按钮——我们允许它让我们在一段时间内保持清醒，然而一旦遇到棘手的状况，我们便会重新进入梦乡，并且回到固有的行为模式中。

弗兰克正在为公务员考试做准备，如果他想要获得晋升，就必须通过该项考试。他内心的声音要求他停止上网浏览自己感兴趣的内容或购物，并专心学习，但在不久后，他便拒绝继续倾听这个声音。他需要更强有力的信息鞭策自己的精神采取行动。有一天，这个声音警告他说：“弗兰克！如果你继续沉迷于网购而将学习弃之不顾，那么晋升的机会就会落入他人之手，而你则会继续在现有的职位上原地踏步。这是你希望看到的吗？”弗兰克听到了这条信息。他开始认真地学习，并且最终通过了考试。

在有些情况下，“不要看手机”一类的普通信息就足以发挥功效，但在其他情况下，我们需要更具有说服力的信息，如“留心你所走的路，否则你将会坠下悬崖！”当你听到一条致力于帮助你重回正轨且极具说服力的信息时，你便能够明白它与你的精神密切相关。

尽管在上文中我提到倾听内心的声音并非易事，但你仍然有必要倾听此类信息。毋庸置疑的是，它与你的最大利益息息相关。在有些人看来，能够免费获得这种引导无疑是一大幸事。尽管每个人对它抱有的态度各不相同，但我发现了三种几乎所有人都会遇到的阻碍。第一种阻碍是对权力的执着，它会表现为“为什么我不能做自己希望的事？如果这种声音要求我承受苦难，让我面对令人沮丧的艰巨任务，那么为什么我要听它的话？”第二种阻碍是对控制的需求，它会表现为“我不想遵循你的引导，我想要自己做决定。”第三种阻碍是漠不关心，抱有这类抵触情绪的人会耸耸肩并表示：“我为什么要自寻烦恼呢？它所说的无济于事。总之我做不到。”

符合这三种情况的人都将内心的声音束之高阁，拒绝承认它的存在，或者不接受它提供的支持和指引。他们之所以采取这样的态度，部分原因是没有认识到内心声音的重要性。当人们感到内心的声音所说的内容不中听时，他们会采取怎样的行动呢？他们会转动收音机的旋钮，并试图寻找一个不同的频段——一条更顺耳的信息。例如："这听起来更容易接受。这是我愿意做的事，并且它能立即让我感觉更好。"在使用播放软件听音乐时，你可以随意更换曲目，但这种方法并不适用于你的精神。令人欣慰的是，即使你换了频段，你的精神也不会停止广播。你可能会拒绝与它保持同步，但它永远不会离你而去。

当我的来访者成为这类抵触的受害者时，我会询问他们："你究竟在和谁斗争？"面对这一问题，他们无一例外地意识到，当他们竭力阻止自己倾听内心的声音时，他们伤害的不是别人，恰恰是他们自己。有时，我会在没有刷牙的情况下就上床睡觉。此时，我内心的声音会说："你需要刷牙并使用牙线清洁牙缝。"但我会回答说："不，我太累了。"内心的声音会再次尝试劝说，如果当时我的情绪暴躁，就会说："别管我！就这一次而已！"但在几分钟后我会问自己："我在和谁争论？是谁会因此承受蛀牙之苦？如果我不细心照料它们，是谁要在治疗椅上躺几个小时并为此付一大笔钱？"想到这里，我会选择倾听内心的声音。是这些问题吸引了我的注意力。

此处的重点在于：当你不去倾听内心的声音时，你会对自己造成伤害。这无关你是否喜欢自己的精神之声所说的内容，重要的是接收到它传递给你的信息，并看到它所指引给你的方向，而不是与它争吵，对它横加指责，或者指望它发生改变。你需要做的只是倾听。在真正做到此事后，你便会认识到内心声音的价值，并且理解它正在引领你采取正确的行动。

工具 3：采取行动

仅仅倾听自己内心的声音是不够的，你必须向着它告诉你的方向前进并坚持到底。换言之，你需要采取与最高层次的自我相符的行动。基于此，第三种工具是根据接收到的信息，在脑海中描绘图景并采取行动，通过这种方式实现你的目标。

我借助练习 6-4 辅导来访者使用这种工具。这项练习在前两种工具的基础上引入了新的内容。

练习 6-4　实现你的目标

（用手机微信扫描二维码，即可边听边做）

从前文的讨论中我们得知，人们会单纯因为心存抵触而拒绝听从内心的声音，也不愿采取能够带来最大利益的行动。然而，即使清楚自己希望实现的目标，人们依然会因某些理由无法将追寻目标

的努力贯彻到底。其中之一是他们仅满足于考虑采取某种行动，而不会真正将其付诸实践。这是因为与后者相比，前者更简单易行。在头脑中考虑实现某一目标不会实际为你带来分数。每个人都可以做到这件事，并且在此过程中一直躺在沙发上，一边看电视一边享用零食。然而，如果你想要冲过终点线，就必须基于自己的意愿采取行动。

人们很难为实现目标一直努力的第二个理由是不愿面对自己最大的恐惧，即做出改变！我们安于固有的习惯，并且喜欢自己所构筑的井井有条且不存在意外的小世界（尽管它无法令我们感到满足）。常言道："想法转化为行动，行动转变为习惯，习惯形成性格，而性格会伴随人的一生。"请你重视自己的思想，这是因为尽管有些想法转瞬即逝且显得毫无意义，但实际上它们会在你的大脑中建立起神经通路，此后产生的想法也会遵循这条固有的神经通路，并使你不再发生改变。为了实现最大的潜能，我们的精神希望我们采取不同的行动。但如果我们仍然顺从固有的观念，拒绝成长，就很难做到这一点。

人们不积极主动地追求内心的声音所指向的目标的第三个理由是，他们不擅长进行自我引导。在人生的半数时间里，我们遵循着他人的指示行动，这些人包括我们的领导、处理违章罚单的交警和老师等。按照一定的规则行事本身无可厚非，但如果我们忘记了如何与最深层次的自我保持一致，那么问题就会随之浮出水面。我们不能放任自己成为机器人并盲目地与其他人保持相同的步调。我们希望融入社会，但并不一定要为此丧失自我。有些时候，我们会拒绝接收内心的声音，这是因为我们曾经被权威背叛，并且不愿再听从任何人的指示：我们不相信他们关心我们的最高利益。然而在这样做的同时，我们也拒绝了真正和我们站在一起并希望我们获得幸福的权威：最高层次的自我发出的声音。内心的声音正在告诉我们如何重回正轨，但我们在听到后却拒绝遵从它的引导。

克服抵触情绪

在结束本章之前，让我们来了解一下人们抵触设立目标和保持专注的其他方式。抵触情绪会彻底浇灭你的热情，因此全面地了解每一种抵触情绪显得至关重要。如果你不了解可能遭遇的阻碍，那么无论你抱有多么远大的志向，仍然会在原地裹足不前。我遇到的很多人都心怀宏图大志，但在数年后偶然再会时，我发现他们仍然在原有的工作中挣扎。他们没有为实现目标付出丝毫努力。在本节中，我将帮助你发现可能出现的"拦路虎"，以便你灵巧地避开它们。我将仔细排查所有可能的抵触行为，你可以对号入座并发现自己的问题。

你无权命令我

正如我在前文中提到的，作为人类，我们经常要遵循指示行动，但很多人生来便对这种状况心存抵触。与某些动物不同，服从并非我们的天性。当我的朋友梅根告诉她两岁的女儿珍妮不能再吃曲奇饼干时，活泼好动的珍妮转脸就会面无惧色地将曲奇饼干放进嘴里。但当梅根命令家中的狗过来时，它会立即出现在她的脚边。狗生性顺从，但人类并非如此。坐在考场中努力保持专注的人没有意识到的是，他们所厌恶的正像被狗一样对待。"坐好！不要乱动！专心答题！"对此他们会作何反应？"你无权命令我！"当人们向我抱怨他们无法集中注意力时，我注意到他们经常将责任归咎于他人或外部因素——院子里的噪声、对自己寄予厚望的父母、不理解他们的老师。但对他们来讲，真正的问题在于他们没有学会如何接纳自己内心的权威，即来自精神的声音，并跟随它的引导。

在参加考试时，你被要求做的最重要的事是集中注意力。集中注意力意味着勉强自己的思维去做它不愿做的事。实际上，集中注意力并非思维的特性。通常情况下，你的思维会四处游荡，从一首歌的片段到你早上吃过的食物，从对某次口角中对方站不住脚的回应做出的批评，到对即将到来的周末产生的幻想。让思维始终沿着一条道路前进就像统领一群想要向四面八方奔跑的狗。在你将其中一只拽回正确方向的同时，另一只又会挣脱你的控制。将它们聚集在一起是一项艰巨的任务，最终，你会因此精疲力竭。你确实可以对它们高声恫吓，但它们很快就不再理会你的大喊大叫。在这种情况下，更好的办法是温柔地鼓励它们进行合作。

与对自己提出苛求的"集中注意力"不同，专注具有促进成长的作用。当你试图集中注意力时，你会感觉自己仿佛在被迫实现他人的期待。而当你保持专注时，你会自主地采取行动，并与自己合作。你清楚自己的目标源于自己的精神，并认可它的重要性。

我之所以教学生保持专注，是因为这种状态可以在你实现目标的过程中为你提供支持。不幸的是，我们中的大多数人在学校的教育体系中学到的是强制自己集中注意力。面对这种情况，请你问一问自己：我希望和自我保持怎样的关系？我希望自己的内部世界成为一座监牢，还是希望感觉充满自信与能量？我希望挥舞手中的鞭子强迫自己的思维在正确的方向上前进，还是希望在成长的过程中内在的自我能为自己提供支持？集中注意力具有一定的压迫性，而专注可以促进目标的实现。不仅如此，在掌握方法的基础上，保持专注远比强迫自己集中注意力更容易。

即使提高成绩并非他人的要求，而是你自发的目标，在实现这一目标的过程中保持专注也绝非易事。这是因为我们必须服从另外一种权威，它不是某个人，而是一个过程。无论你有多么渴望实现自己的目标，在任何一条充满艰难险阻（和考验）的道路上，你都会心生抵触。你必须将自己的主导权交付于过程。决定采取何种行动的是你的目标，而不是你。如果你握有决定权，那么你就会尽可能地选择轻松的方式。

无论哪种原因导致你失去了专注，在考试这一时间有限的情境中，涣散的注意力都会给你造成难以承受的损失。随着时间一分一秒地流逝，你必须在监考老师宣布停笔之前展示自己所学的知识。如果你的注意力分散，那么你就会失去宝贵的时间，并且这些时间一去不复返。从结果的角度讲，抵触自己全神贯注地投入考试只会损害你的表现，而倾听并服从自己精神的引导将对你大有裨益。如果你在学习的过程中加以练习，那么这种效果就会体现得更为明显。这是因为在为考试复习的同时，你也在训练自己以正确的方式保持专注，并高效地利用时间。当你在考试中遇到难题并需要调动自己的全部注意力时，听从精神的引导就显得至关重要。如果你能在备考的阶段掌握保持专注的方法，那么在关键时刻，你便可以轻而易举地进入专注的状态。

我不想为之努力

如果你希望学会保持专注，就需要为此付出努力，但如今，很多人都不愿为任何事付出努力。他们想要守株待兔，坐等成功送上门来。如果第一个问题是对权威的抵触，那么导致很多人难以保持专注的第二个主要问题便是他们希望不费吹灰之力地获得成果。

孩子们更容易将这种愿望诚实地表现出来。然而在步入成年后，我们会意识到这是一种愚蠢的态度。尽管如此，它仍然根植于我们的内心深处。如果你希望了解这种状况是否发生在自己身上，就请仔细检查自己的目标和它们所激发的行动。你能够持续不断地为实现目标付出努力，还是会想象不经历赛跑的过程而直接冲过终点？幻想轻而易举地取得成就存在的问题是，每当在前进的途中遇到"减速带"，你都会选择退缩。"我不开心。做这件事的乐趣何在？"随后你便会开始怀疑，"我是不是走错路了？按照我的预想，这件事本不应该如此困难。""如果现在我感到棘手，那么这是否说明我没有坚持到底的毅力呢？""在经历了艰难险阻后，我所获得的回报能否证明我所付出的努力是有意义的呢？"

即使你发现自己拥有类似的想法，也无须过分苛责自己。你身处执着于迅速取得成功的文化背景中。人们将"在 25 岁前挣得人生的第一个 100 万"挂在嘴边，而不关心为了获得这笔钱需要付出怎样的努力，或者在从事这项工作的过程中是否会有所收获。你身处的文化是以目标为导向的，但引导的方式存在问题。它一味地着眼于最终产物，而没有关注实现最终产物的过程。为了进入名牌大学，我们在高中阶段力争上游。此后，我们又快马加鞭地完成大学的学业，并跨入研究生阶段。随后，我们寄出简历并谋取一份工作。然后……而后……接下来……

为什么我们中的大多数人不去欣赏整个过程呢？学习、听课、钻研书本，并在考试中取得优异的成绩——这些行动自身便是成长的代名词。因为没有人教我们珍视努力自身所具有的价值，我们便忽视了为目标付出努力的整个过程。换言之，我们并非出于对学习的热爱走进校园，我们求学的目的仅仅是为了最终获得一份薪水。

但成长发生于过程之中，而不是冲过终点线的瞬间。随着我们不断遭遇并应对挑战，即人生中包括考试在内的各种各样的考验，我们会变得更加智慧和坚强。还记得前文中我们提到的种子吗？只有在你的悉心照料下种子才会成长。你不能随手将种子扔到土中，并期待眼前突然出现灿烂的花朵。同样的道理也适用于人生中的其他领域。

想象自己可以做到

作为本章的结尾，我将带你进行一项设计精密且行之有效的练习（见练习 6-5），它将帮助你和自己的最终目的保持联结。我将它称作"三面镜"。整个练习将花费大约 15 分钟。请在安静的场所进行这项练习。在开始练习前，请关闭座机、手机和计算机，为宠物准备好食物和水，并在房门上悬挂"请勿打扰"的提示。

练习 6-5　三面镜（第一部分）

（用手机微信扫描二维码，即可边听边做）

在进入第二部分练习之前，让我们首先对这一部分练习进行盘点。

和所有人相同，你保持着两种自我形象。正如你通过想象观察并体验到的，在左侧和右侧两面镜子中呈现出的形象之间存在巨大的差异。左侧镜子中的形象垂头丧气且缺少活力，显得心灰意冷。而右侧镜子中的形象则跃跃欲试、意志坚定并满怀希望，这个形象代表着你最大的潜能。

很多人都没有意识到自己的心中始终存在这两种映像。不仅如此，他们更不清楚自己在日常生活中的所作所为实际上皆为这些形象的反映。如果我们以积极、热情且高效的方式采取行动，那么我们就很有可能受到了右侧的镜子中映出的"内部形象"的影响。反之，如果我们倾向于以灰心、泄气且消极的方式采取行动，那么对我们产生影响的便是左侧的镜子中出现的形象。

对你来讲，强化与右侧的镜子建立的联结至关重要。为了做到这一点，我们需要引入第三面镜子，即位于中间的镜子。

请为重新开始练习做好准备。在开始第二部分的练习（见练习6-6）之前，你不妨站起来舒展一下身体、喝一杯水，以便让自己重振精神。现在，让我们进入下一个环节，并了解如何与右侧的镜子建立一种牢固且稳定的关系。

练习 6-6　三面镜（第二部分）

（用手机微信扫描二维码，
即可边听边做）

请每天进行一次三面镜的练习，尤其是在考试前。通过持续不断地与右侧镜子中映出的形象建立联结，并将它反映到平日的言谈举止中，你的行为模式将与目标保持一致。换言之，你将能够保持专注。

如何应用保持专注的三种工具

在学习的过程中

你可以在学习的过程中训练自己保持专注，而不被令自己分心的事物打乱原有的计划。下列辅导有助于你在学习的同时有效地练习使用保持专注的三种工具，并确保这些工具能够在考试中为你所用。

为自己设置学习目标，并确保它符合"SMART"原则。如果你还没有掌握"SMART"原则，就请复习本章中与之相关的内容。

清除你所处的空间中令你分心的事物：关闭手机、计算机、电视和音乐（确实有助于你保持专注的音乐除外）。

将计时器设定为 30 或 40 分钟，开始学习，计时器响时进行短暂的休息（5 分钟，但不要从事容易让自己分心的活动）。开始新一轮的学习，计时器响时进行短暂的休息。再完成一轮学习，并在此后进行更长时间的休息。

如果你在学习的过程中出现了分心的情况，就请你使用工具：停止分心（令你分心的原因可能是某种想法、你所从事的某项活动或你想到了某个人）。你要清楚此类想法、活动或人物不会帮助你实现目标。倾听你内心的声音，它将准确地告诉你为了重新投入学习需要采取的行动。遵从内心的声音提供的引导并将其付诸实践。

随着你在学习的过程中不断练习使用保持专注的工具，它们在考试中会切实地发挥作用。

在考试的过程中

在参加考试的过程中，你唯一的任务便是解答试题。或许你认为这是不言自明的道理，但请你尝试思考这样一个问题：在参加考试的过程中，你有多少次因为周围人的举动、自己的想法或腹部的痉挛而分心？

如果你在学习的过程中使用了保持专注的三种工具，就会更容易觉察到可能导致自己分心的状况。在考试中，常见的造成分心的因素有如下几种。

- 身体上感到的不适："我的心跳正在加速。""我感到难以呼吸！"

- 消极的观念："我应付不了这场考试！""我会不及格。"

- 左顾右盼并思考其他人在做什么："我打赌这个女生一定能做出每一道题。""我想知道那个男生做到哪里了。"

你需要做的是将注意力专注于眼前的试题上，而不是留意其他任何事。

如果经过练习你掌握了让自己冷静下来并建立信心的工具，那么当你的身体或思维发生断连时，你就可以迅速地重回正轨。你能够发现身体上感到的不适，或者意识到自己陷入了消极的思维模式，并在此基础上应用工具。

请将身体层面和思维层面出现的断连视作分心的表现。现在，请使用保持专注的工具：停止分心，倾听内心的声音（"回到试卷上来"），通过采取行动来遵从内心的声音（按部就班地研究题目并作答）。

换言之，请使用保持专注的工具让自己全神贯注于当下的情境，并解答试题。无论在任何领域，能够表现出最佳水平的人都清楚如何保持专注。现在的你同样能够做到这一点。请将本章的全部内容付诸实践。

尽管你需要为保持专注花费时间、下定决心并投入精力，但与之对应的回报是巨大的。你会在此过程中强化自己、实现梦想。即使你已经离开了学校，保持专注的工具对你来讲仍然大有用处。

当你学会保持专注（即你的行动与目标保持一致）且目标来源于你的精神时，你就可以成功应对任何考试，并且发挥自己最大的潜能。伟大的美国哲学家亨利·大卫·梭罗（Henry David Thoreau）曾经热切地表示："朝着梦想自信地前进吧，并且实现你所想象的生活。"

7

chapter

第 7 章

应对每一场考试

　　刚进入大学时，我曾加入过越野长跑队。我对参与竞技体育没有太大的兴趣，但按照学校的要求不得不加入一支运动队，因此我选择了越野长跑。在我们第一次进行校际交流赛前，教练绘制了比赛的路线图，比赛将围绕一块 18 洞的高尔夫球场进行。他告诉我们留意树林里的急转弯和迂回曲折之处。但我认为只要紧跟前面的一名跑者就没有问题，因此没有用心听教练的讲解。在比赛开始后不久，我便落在了后面，并且在 20 分钟后，我惊诧地发现眼前已经看不到任何一名跑者了。我彻底迷失了方向，开始在树林里打转。在我终于找到方向并跑过终点时，其他人早已不耐烦地坐在了回程的大巴车上。

　　这个故事告诉我们：要听从辅导者就可能出现的状况为你提供的建议。

笔试、机试、口试和实操考试

　　在本章中，我们将讨论你有可能面对的每一类考试，以及如何将你至今为止从本书中学到的内容应用于这些考试。

　　在本节中，我给出的建议至关重要，在任何一场考试之前，你都有必要使用它们。

　　假设现在你正在等待考试开始。你可能和其他考生同处一间候考室，也可能自己独处一室；又或者在很多标准化考试（期末考试、大学入学考试和研究生入学考试等）中，你会和其他应试者一起坐在封闭的考场中。无论你所处的环境如何，在等待考试开始的过程中，请确保自己做到如下两点。

一是将与他人的互动控制在最低的程度。如果有人向你发起对话，请礼貌但坚决地告诉对方："我很愿意和你进行交流……如果你愿意等到考试结束的话。现在我需要保持安静。"如果你参与到对话中，就很有可能被他人"传染"应试焦虑。

二是使用工具让自己安静下来：调整呼吸，脚踏实地，调动感官。在椅子上坐好，最好闭上双眼，并且深呼吸，感觉自己将空气吸入腹部。感受地面和椅子为你提供的支持，并且感受贴身衣物的材质。当你的思维开始涣散时（"我应该花更多时间学习二次方程"），请用让自己冷静下来的三种工具将其带回正轨，请让自己全神贯注于当下，请在开考前的时间里坚持这样做。

除此之外，你还需要记住的是，如果你感到紧张，那么实际上这种状态会激发出应对眼前的任务（考试）所需的能量（请回忆耶克斯－多德森曲线）。适当水平的压力有助于实现最佳表现。

笔试

笔试覆盖的范围最广，其中包括学校中的考试、小测验、期中考试、期末考试和标准化考试。这些考试都采用同样的组织形式：你坐在课桌前，监考老师发下试卷、考试手册或答题纸，而你需要在有限的时间内解答试题并完成考试（我相信有些人仅仅是读到这部分内容便会感到紧张）。为了获得更高的分数，请你遵循如下步骤。

1. 运用工具

请在开考前和考试刚刚开始的阶段迅速让自己冷静下来，以便为理想的表现打下稳固的基础。请在草稿纸上的某个位置写下"呼吸"一词，它将提醒你保持规律的呼吸。请留意自己的坐姿，并不断地让自己踏实下来。请坐直身体并将双脚平放在地面上。你一定见到过有些人采取像卷饼一样扭曲的姿势。他们弓起身子，高耸肩膀，双脚勾住椅子的腿，皱起眉头，同时绷紧下巴。这些动作都不会为考试表现提供助力。请坐直身体，释放身体中的紧张，并让重力发挥作用。

请从头到尾浏览一下试卷，以了解你将会遇到哪些问题。如果你开始对自己灌输消极的观念——"我不能""我不是""我没有"——就请你立即应用保持自信的工具。请面对脑海中的镜子，向密友进行倾吐，获得与你有关的积极反馈，并设想自己采取小而可行的步骤。你能看到自己需要做到的每一步：重新阅读试题，画出重点，诸如此类。

在阅读这部分内容时，你或许会想：但是伯恩斯坦博士，在考试的过程中我没有时间做这些事！对考生来讲，这种忧虑普遍存在，但同时也是没有根据的。如果你练习了本书第 4 章、第 5 章和第 6

章中提及的工具，那么在面对考试时，你就会清楚如何迅速且有效地使用它们。与实际应用相比，讲解这些工具需要花费更长的时间。如果你不使用这些工具，就有可能因焦虑和不安而白白地浪费时间。请记住，不安和焦虑是断连的迹象。你需要尽快和自己重新建立联结。如果你在学习的过程中练习使用这些工具，那么在考场上，它们就能为你提供可靠的助力。

2. 休息

在考试的过程中，定期进行短暂的休息以消除疲劳至关重要。你可以借助不同的方法做到这一点，而不必浪费大量的时间。每 15 分钟，请让双眼休息几秒。请弯曲手指，并用双手的手掌轻轻地盖住双眼。请在你的双手制造的黑暗环境中睁开双眼。请保持用双手盖住眼睛的姿势约 10 秒，同时进行两到三次深呼吸。这种方法叫作"掌疗法"（palming），它可以让你的双眼和神经系统得到放松。

除掌疗法外，你也可以开放自己的周边视野（我们在第 4 章中进行过这项练习）。在保持头部静止不动的同时，请缓慢地向各个方向转动双眼。这种做法有助于你脱离交感神经系统引发的或战或逃状态，同时让副交感神经系统发挥作用，以帮助你冷静下来。你可以交替使用这种方法和掌疗法。

舒展身体同样是一种有益的做法。你甚至可以坐在椅子上进行拉伸。请弯下腰，将头放于两腿之间，用双手触碰地面。这种做法可以使血液流回头部，并强制你进行呼吸。如果条件允许，你可以站起身来向下弯腰，用双手触碰地面。接下来，你可以用脚尖站立并重复提踵的动作，同时轻轻地抖动两臂和双手。

如果你能够安静地通过这些小幅度的拉伸动作进行休息，而不会干扰到周围的人，我推荐你每半个小时进行一次坐位拉伸。如果考场规则允许，我推荐你每一小时进行一次立位拉伸。

请记住，进行这些活动的目的是消除身体的疲劳，并告诉你的身体你清楚它的存在，而没有忘记它。你需要牢记的是，参加考试的是作为整体的你。

3. 足量喝水，吃一些零食

脱水是很多应试者都会遇到的问题。他们会忘记喝水，并且因水分不足而感到疲劳。如果考场规则允许，请携带瓶装水进入考场，并且规律地小口喝水。我不推荐你饮用冰水，因为冰水不能为你带来室温或温水所提供的安神的效果。除此之外，我同样不推荐你在考试的过程中喝软饮料，因为软饮料中含有大量的糖分。如果考试时间超过 1 小时，你可以带水果或健康的小零食进入考场。如果你在考试的过程中因饥饿而出现低血糖或缺少能量的情况，那么你的注意力很可能会因此而分散。你需要为自己的"油箱"加油。如果考场规则不允许考生携带任何食物进入考场（请提前几天查看考场规则），那么就请在考试前吃一顿营养丰富的早餐或午餐。请选择高蛋白、低碳水化合物的食物，并且控制咖啡的摄入量。

4. 坚持使用工具

随着考试的进行，你可以继续借助工具让自己保持冷静：调整呼吸、脚踏实地并调动感官。如果你遇到了较为复杂或一时无从下手的题目，请记住考试的目的是促使你进行回忆并思考，因此请使用工具来建立自信：倾吐、反馈并设想小而可行的步骤。通常情况下，看似难以解答的问题类似一个需要耐心梳理并逐步解开的结。你可以调整呼吸，告诉自己你有能力解开它，也正在解开它。如果你意识到自己的思维开始涣散，或者发现自己分心于其他活动（如咬指甲、玩弄头发或东张西望），就请使用工具让自己保持专注：停下来并注意自己正在采取的行动，倾听内心的声音，并践行它给出的引导（你可能需要稍微舒展一下身体或喝一口水）。

5. 始终专注于自身

当和许多人在同一个考场内参加考试时，你难免会东张西望。其他人在做什么？他们是不是认为考试题目很简单？是不是只有你感到紧张？他们答题的速度是不是比你更快，并且比你先做完？这些问题会分散你的注意力，并且导致你无法专注于手头的任务。无论其他人在做什么，他们的所作所为都不会帮助你通过考试。

请你想象自己被包围在只属于你的气泡中，将全部的注意力都专注于自身（请参考本章末尾的"光之环"练习）。

有一次，一个来访者向我描述了让她感到不安的经历。在考试开始30分钟后，她抬起头发现有一名考生已经上交了试卷和答题纸。

她想，"天哪！我才刚刚做完一半，他怎么做得这么快？"这种想法让她感到很焦虑，导致她难以完成余下的试题。她因此失去了自信。在考试结束后她才了解到，很快交卷的那位考生是因为出现了食物中毒的症状才不得不提前离开考场。

无论你观察到其他人的任何举动，请你都不要放在心上。他人的行动与你无关。为了表现出最高水准，请你专注于自己需要采取的行动。

6. 留意时间

时间是考试的重要因素之一，你需要对它保持足够的觉察，并且合理地分配时间，以保证自己可以从容不迫地完成考试。有一些考试会为应试者提供参加模拟考试的机会，这对考试时间较长的标准化考试来讲大有裨益。如果你要参加学术能力评估测试、大学入学考试和研究生入学考试等标准化考试，就可以找到大量的往年试题。利用往年试题进行练习不仅能帮助你理解考试的内容和结构，而且有助于你学会如何分配时间。通常来讲，准备一块手表或秒表对你大有益处，尽管我也见到过它们对考生产生消极影响的事例。此类考生会因过度在意时间而反复查看手表，因此占用了答题的时间。

7. 巧妙地处理难题

当你遇到非常棘手的题目时，请不要在这道题目上浪费时间。你需要做的是解出自己能解出的部分，并且继续处理其他题目。在笔试中，你可以稍后再重新着手前面的题目（这是在机考中无法做到的）。在有些情况下，你的思维在导出答案前需要获得启发，而后面的题目便有可能为前面的题目提供这种启发。采取新的视角会为你带来新的发现。当你将这种方法与本书中的 9 种工具相结合时，你便更有可能引导自己走向成功。

莱托亚是一名头脑聪颖的 16 岁女生，她曾经告诉我："在遇到难题时我感到非常紧张，仿佛忘记了自己所学的一切。这令我很难继续解答其他题目。"

当我们依据本书中的模型对她的经历进行分析时，莱托亚意识到自己的身体感觉对思维造成了严重的消极影响。"我感到非常紧张"的感受与"我似乎忘记了所学的一切"的认知接踵而至。她向自己传递的信息是她无法解出题目，而她的身体感觉进一步强化了这种信息。

经过我的辅导，莱托亚学会了在遇到难题时必须首先调节自己的呼吸，以避免自己的身体可能对思维造成的影响。接下来，她需要为自己提供积极且有帮助的信息。"你能够解出这道题。你曾经遇到过与之相似的题目。"在通过这种方法建立自信的基础上，她便可以专注于题目，避免因为想象失败而打乱原有的节奏。除此之外，她还了解到将难题放在后面处理的意义。在将所学到的上述内容应用于另外两场考试后，惊恐发作便不再是困扰莱托亚的难题了。

机考

在以标准化考试为代表的一些考试中，机考正在逐渐成为一种常见的考试方式。你在指定的时间前往考试中心报到，随后被安排到一间设有计算机屏幕的单间或隔间就座，而考试的题目会呈现在计算机屏幕上。本章前文中给出的辅导同样适用于机考，除此之外，你还可以参考如下几点。（1）在参加正式考试之前，至少在计算机上进行一次模拟考试。坐在计算机前面对着屏幕考试和处理平放于桌面上的试卷不同。你需要练习在电脑前坐直，双眼直视面前的屏幕，操作鼠标，并且适应坐在隔间中的感觉。（2）在考试前弄清楚你是否可以回顾前面答过的题目。在很多以机考的方式进行的考试中，考生没有机会重新思考前面的题目或更改答案。在一些考试中，题目的难度会基于你对前面的题目给出的答案而提高或降低。如果你能在事前了解考试的组织形式，就可以避免在考试当天遭遇可能引发压力反应的意外情况。（3）注意自己的坐姿。在参加机考时，你可能会瘫坐在椅子上，或者耸起肩膀并向屏幕的方向探出身体，抑或把一条腿放在另一条腿上。这些坐姿既不利于思考，又限制你对题目做出反应的速度。请不要采用看电视或打电子游戏时的坐姿。你需要在上身笔直的同时避免绷紧身体，并且将双脚平放在地面上。一直注视计算机屏幕会对你的双眼造成负担。如果你佩戴眼镜或使用隐形眼镜，请确保它们适用于在计算机屏幕上进行阅读。在考试的过程中，定期让眼睛休息同样至关重要。

口试

口试向应试者提出了独特的挑战。在笔试和机考中，你需要对以文字形式呈现的题目做出反应。你很难有机会接触到判卷老师（也有可能是计算机评分），甚至不知道他们是谁。但在口试中，你需要亲自面对考官并直接向他们讲话，在此过程中，他们会对你的表现进行打分，这很有可能令你感到胆战心惊。对很多人来讲，仅仅是被人注视就足以让他们变成木头人。要求当场思考并口齿清晰地进行表达的考试形式会让他们感到难以接受。对他们来讲，安静地坐在座位上填涂答题卡显得轻而易举。

在评判你如何应对考试题目的同时，口试的考官会考察你是如何展示自己的。如果你参加的资格考试所对应的职业涉及与他人进行互动，那么在此类口试中，考官会格外注意你的自我展示。在没有事先准备好答案的情况下你会如何表现？在遇到缺少耐心、苛刻甚至吹毛求疵的考官时，你会做出怎样的反应？当你意识到自己出现了口误并需要改正时，你会怎样做？

以下是我为口试的应试者提供的辅导意见。

1. 使用工具并明确自己所处的环境

在进入考场并就座后，请立即使用工具帮助自己冷静下来：深呼吸，感觉空气沉入自己的腹部；在椅子上坐稳，做到脚踏实地；调动感官并借助视觉把握考场的布置、考官的穿着及你能注意到的其他细节。通过这种方式，你将与考试的情境建立联结。在本章末尾讲解的"光之环"练习会对你大有裨益。请感受自己坐在光环的中心并调整呼吸。

2. 确保自己理解了问题

在口试中，考官提出的有些问题是模棱两可的。在有些情况下，此类问题是有意设置的，其目的是促使你向考官提问以进行澄清。请不要惧怕向考官表示"您能否重复一下问题（或换一种问法）"或"您是不是在问……"。如果你不清楚考官所问的内容，那么比起磕磕绊绊地做出文不对题的回答，要求考官对问题进行澄清显然是更好的选择。

某些口试要求考官自始至终要保持沉默，因此针对你提出的问题，对方的反应可能仅仅是面无表情甚至略显冷漠地注视着你。如果你不了解这种情况，就有可能因此感到不安。在参加考试前，请仔细阅读考场规则，或者通过电话或邮件联系考试委员会的成员，以明确你能否要求考官对问题进行澄清。无论何时，你都应该提前了解基本的考试规则。如果你不确定自己是否理解了问题，而考官又不能对问题进行澄清，那么比较可取的做法是向对方表示"我想这个问题是在问……"，以便考官了解你解读问题的方式。有时候，这种做法有助于你加深对问题的理解，所以请不要畏惧向考官提问。

3. 使用行之有效的方式：呼吸、思考并作答

口试的关键不仅在于给出正确的答案，考官们还会评估你的言谈举止及你当即进行思考并做出反应的能力。请你不要急于求成，

在听到问题后，请给自己留一些时间——你可以表示"我需要稍作思考"——并深呼吸。在开口回答问题之前，请你想一想要说的内容。你可以在表达完一个观点后暂停，以便考虑下一步要讲述的内容并调整呼吸。当人们在口试中陷入困境时，他们几乎无一例外地颠倒了上述过程：首先开口作答，随后才进行思考并在此后停下来喘口气。请将这个过程调转过来并采用正确的方式：呼吸、思考，然后回答问题。

除此之外，你需要适应在思考问题时出现的停顿，并在这一过程中表现得轻松自如。在口语考试中，你展开思考的方式同样是考官们关注的重点。因此，在口语考试中更需要你保持冷静、自信和专注。你没有必要急于作答。

4. 练习、练习、再练习

在为口试做准备的过程中，你必须练习在他人面前大声地回答问题，以体会如何通过讲述的方式展开自己的观点。除此之外，练习也有助于你把握回答问题所需的恰当的时间。在口语考试中，应试者经常忽略的一点是，给出过长或过短的答案都可能对成绩造成不利的影响。有些应试者给出的答案过于简略，以至于无法向考官展示自己丰富的知识储备；也有一些应试者认为自己必须做到面面俱到，因此做出了过于冗长的回答。请与同学、同事或辅导者一起进行练习，并让他们在如下几个方面给出具体的反馈：你的回答是否清楚明了、条理清晰且简单易懂？你的回答是否涵盖了问题所涉及的知识点？你表述的内容是否过多或过少？你是否随时注视着考官？

　　你需要重点练习的是在思考并回答问题的过程中保持平稳的呼吸。请你练习借助冷静的工具与自己的身体保持联结，通过自信的工具把握自己所学的知识，使用专注的工具维持自我。在大多数考试中，人们会不由自主地进入魂不守舍的状态，并且无法充分发挥自己的水平。这是考试自身的特点所造成的。在口语考试中，你面前的考官握有这场考试的决定权，因此你们所处的地位是不对等的。他们很清楚自己要问的问题，而你则蒙在鼓里。不仅如此，考场中的其他人都对你的表现一目了然。为了应对这种情况，你更需要通过练习来学会如何时刻掌控自己，并且充分发挥自己的能力。

5. 吸引考官的注意

　　你需要记住的是，你在口语考试中讲话的对象是某一个或某几个人。请练习将考官视为普通人，甚至与你共事的同僚。如果你以取悦考官为目的进行表演，并且为了获得对方的积极反馈而扮演自己之外的其他角色，那么你就会与自我发生断连，并不可避免地感到不安与焦虑。请你借助工具让自己冷静下来，并在重新建立自信的基础上继续保持专注。

6. 展现真实的自我

　　没有人期待你做到无所不知，因此你不应背上这一心理包袱。有些口试刻意设置了一些题目迫使你表现出"我不清楚""我不确定"

或"我需要为此寻求建议"。试图扮演全知全能的角色或可以独立掌控一切的权威人士，意味着你没有向考官展现真实的自我（并且有可能会引发认为自己无所不知的一类考官的反感）。在遇到自己不清楚的内容时，请你坦率地承认，否则你将会失去考官的信任，甚至导致考官对你在其他问题上做出的回答产生怀疑。

除此之外，你还有可能在回答完某道题目后回想起之前没有想到的内容。如果发生这种情况，你可以说："我想对之前给出的答案进行一些补充……"尽管有些口试不允许这种做法，但我仍然建议来访者在必要时进行尝试，因为在有些情况下，考官可能会网开一面。

7. 大胆地更正答案

有些时候，你会在话说出口后才意识到自己给出的答案是错误的。在这种情况下，请不要继续作答。你需要立即停下来，大方地向考官表示："我希望更正我给出的答案"或"我希望重新回答这个问题"。出于紧张，有些应试者会在继续回答问题的同时尝试弥补甚至掩盖自己所犯的错误。请立即停下来。你可以更正自己的答案。你是一个普通人，犯错是人之常情，因此它并不意味着你是愚蠢的或无能的。

8. 补充水分

很多人在持续说话几分钟后就会感到口干舌燥。请在你面前的桌子（如果有的话）上准备一杯水。如果考场内没有桌子或不为考生提供饮用水，你可以带一小瓶水进考场。在需要喝水时向考官请示。除了缓解口内的干燥，不时地补充水分还可以帮助你制造短暂的停顿，以便你在必要时放慢节奏并仔细思考如何作答。除此之外，缓慢地喝水还有助于你注意并调整自己的呼吸。

9. 为考官怪异的举动做好心理准备

在口试中，在你回答问题的同时考官做出的一举一动都牵动着你的神经。请注意，我并没有强调"他们对你做出的举动"，因为我希望你能明白，在参加口试的过程中，考官的行动或言语不一定反映了他们对你或你的表现的看法。他们的言行举止有可能仅仅是个人风格的体现，又或者他们被要求保持无动于衷的状态，而不能对应试者表露出任何情绪或做出反应。之所以存在这样的要求，目的是避免考官的行为影响应试者的表现，并且提升考试的标准化程度。换言之，考官露出的微笑可能会鼓励学生继续在正确的方向上作答，而紧锁的眉头则会造成相反的效果。由此可以推测，得到了更多提示的应试者会获得更多的帮助。然而，为了实现"标准化"而提出的此类要求存在一定的问题，这是因为考官经常不能完全控制自己的行为。他们也会像其他人一样感到乏味、饥饿、疲劳甚至气愤，特别是当他们不喜欢考生提出的问题或不认可考生给出的答案时。在这种情况下，他们很可能无暇顾及标准化的要求。在口试中，有些考官对自己的角色应有的举止存在与众不同的理解，这些理解通常基于他们曾经遇到过的考官给他们留下积极或消极的印象。现在，他们成了考官。除此之外，考官们还有可能度过了糟糕的一天，或者正在遭受空腹或腹胀等身体状况的折磨。

下面的练习 7-1 和练习 7-2 有助于你对考官怪异的行为举止做好心理准备。

练习 7-1　考官的怪异举动（第一部分）

请让一名同事或朋友坐在你的对面，并且听你讲述今天发生在你身上的某件事。这位同事或朋友需要做的是在你讲话的过程中做出各种表情。他可以通过微笑向你表示肯定，也可以皱起眉头、面露难色或不怀好意地笑以向你表示不悦。他甚至还可以不时假装睡着。而你需要做的是继续讲话，并避免被他的所作所为打乱节奏。

如果你和大多数人相同，那么当对方开始做出怪异的举动时，你会当即哑然失笑。因为这是练习并非考试，所以你能够对这些行为自身做出反应。但在真正的考试中，正是考官做出的这些举动引发了考生的紧张情绪，并且导致他们无暇思考正确答案。他们会开始解读考官的行为，以挖掘出其背后可能隐藏的深意。例如，他们会想："他在向我微笑。太好了！这一定意味着我做得不错。""哦不，他正在摇头。我想我肯定是搞砸了！"在这样解读的基础上，考生会改变自己的行动，试图引发考官做出带有肯定色彩的举动。此时，考生将注意力放在了无关紧要的因素上，因此失去了对问题和答案的专注。有时，考官会刻意通过自己的非言语行为来误导考生。例如，在考生给出正确答案时，考官会摇头；而在考生给出的答案有误时，考官同样会摇头。考官会有意做出此类与实际情况背道而驰的反应，其目的正是打乱考生的节奏。请不要被考官的任何举动误导！在考试中，你的任务是回答问题，而不是引发考官做出肯定性的反应。

练习7-2 考官的怪异举动（第二部分）

你可以请同一位同事或朋友扮演考官，并向他讲述你的其他经历，或者练习回答模拟考试中的问题。和练习7-1相同，这位同事或朋友需要在你述的过程中继续对你做出各种积极或消极的表情，但这一次，请不要被他逗笑或根据他的反应调整自己的行为。你需要采取的是下列行动中的一种或多种。

1. 默默地描述考官的身体动作，而不要解读这些动作的意义。例如：如果对方开始微笑，就请你告诉自己"他两侧的嘴角向上扬起"，而不要去想"他喜欢我"，即不要进行解读。当你将考官的动作分解为不连续且可描述的肢体动作而不对它们进行评价时，你所观察到的考官的"外显"行为就会失去情感意义，这是因为你没有将自己的心境投射在对方身上。请不断重复这项练习，因为它确实行之有效。

2. 将考官置于一块"隐形的屏风"之后。在讲话的过程中，请发挥你的想象力，并且在头脑中创造一块透明但不可穿透的屏风，并将考官置于这面屏风之后。这意味着他的一切行动和想法都不能穿过这一屏障。他仿佛置身于自己的气泡中，这便是他应该处的位置，而你则不会受到他的影响。

3. 穿透考官的面具。考官也是普通人，他在考试过程中的所作所为不过是他为自己佩戴的面具，而这副面具所展现的

> 形象来自他对考官这一角色的认识。在你进行表述的同时，请将你所观察到的行为视作面具的一部分，并且借助这种方式穿透考官的面具。请透过面具与考官进行交流，而不要将面具作为自己发言的对象，这种做法有助于你将自己的想法和言语传递给面具背后的人。

10. 注意自己的外貌和穿着

很多需要参加口语考试的人都饱受这一问题的困扰。这是因为有数不胜数的理论认为，考生的外貌可能会对考官产生积极或消极的影响，而这些理论大多是无稽之谈。我了解到有些应试者为了博得考官的好感而染头发、精心选择领带的颜色或穿一件凸显身体曲线的服装。请忘记这些做法！为外貌花费心思会分散你的注意力。

然而这并不意味着你不需要注意自己的外部形象。为了做到得体，请参考如下辅导意见。请穿着舒适且合身的衣物。你所选择的服装应满足职业面试的要求。请避免穿着华而不实、过于暴露或意在宣扬个性（如展示自己很"酷"）的服装。你的目的是通过考试，而不是彰显自我。我通常推荐女性化淡妆并尽量减少佩戴珠宝或首饰，男性可以穿西装、衬衫并搭配领带。我个人并不太支持将头发染成蓝色或粉色。除此之外，请不要打过多的耳洞，并且避免在身体明显的位置文身。一两个耳洞通常无伤大雅，但佩戴鼻环或舌钉会显得过于张扬。考官通常不像我们希望的那样开放或讲究时尚。

我会告诉每个需要参加口试的来访者不要使用芳香剂，其中包括香水、须后水、爽身粉和发胶。考场的环境可能是密闭、闷热且不通风的。任何一种芳香剂——无论价格多么昂贵、香气多么迷人或多么不同寻常——都有可能引发对它们敏感的人的强烈抵触。我甚至听说过这样的事例：某位考生使用的香水让考官想起了曾经的恋人，因此招致恶果！鉴于此，我建议你不要冒险。

实操考试和身体表现

从临床技能考试到驾照考试，从独奏音乐会到表演试镜，各类实操考试和现场表演都需要在考官或评审员的面前进行。此类考试格外具有挑战性，这是因为你必须在他人的注视下完成考试。除此之外，考试的时间限制也会进一步给你造成压力。

1. 练习、练习、再练习

鉴于应试者需要在此类考试或表演中展示某些身体技能，取得成功的唯一途径便是提前进行练习，这是必不可少的过程。请你不断地重复需要完成的一系列动作或表演，并将行动的过程分解为小而可掌控的步骤（用来建立自信的第三种工具）。请你尽量模拟考试或表现的现场环境。在练习的过程中，请不要省略任何一个环节或仓促地走过场。我认识一位杰出的单簧管演奏家，他曾经在试演曲目的某个乐段陷入困境。这个令他深感恐惧的乐段仅有短短的几个小节，但他却将演奏这个乐段的体验描述为"在地狱的隧道中穿行"。为了应对这种状况，他尝试在演奏的过程中紧闭双眼。但这种做法无济于事。他在试演的过程中使用了这种方法，结果惨不忍睹。

197

他找到我，我们将这个乐段进行了分解，并逐一练习每一个音符，直到他最终掌握整个乐段。此后，他再次参加了试演，并且把握住了机会。

2. 为可能出现的干扰因素做好准备

如果你能充分考虑在实操考试或现场表演中可能出现的问题，就不会在它们实际发生时感到措手不及。例如，参加临床考试并实施根管治疗的牙医们需要考虑到病人可能要在考试的过程中去洗手间，而这将打断治疗的过程并占用考试时间。请向最近参加过同类考试的人寻求经验，他们可以帮助你事先对意料之外的情况有所准备。

3. 保持冷静

即使你做好了充分的准备，也仍然有可能遭遇意想不到的突发状况。你需要为此类事件做好心理准备。在试演的过程中，突然发生的断电可能导致舞台上一片漆黑。在驾照考试中，考官可能开始不停地咳嗽。在知名酒店进行的厨师选拔中，甚至有可能发生煤气爆炸。如果你不能做到脚踏实地，那么这些状况都有可能令你惊慌失措。甚至有时候，实操考试中会刻意设置与你所习惯的情境不同的场景。在遭遇任何突如其来且有可能令你感到痛苦的状况时，你首先需要做的是保持冷静。调整呼吸有助于你在此类情况发生时顺利地渡过难关。

4. 将考官视作合作伙伴

在大多数实操考试中，考官的任务是判断你是否有能力安全地实施所考查的技术或操作。请你在处理手头的任务的同时放心地让考官完成他们的工作。这就意味着你需要专注于自己的行动，而不是考官的所作所为。用以保持专注的工具可以在此时派上用场。如果你开始分心，转而关注考官的想法，就请你立即停下来！请倾听内心的声音，让它告诉你下一步应该采取的行动，并且在明确它所做出的引导的基础上将其付诸实践。为了保持冷静，请你观察并感知自己的身体，同时调整呼吸，通过准确且积极的自我评价为自己提供支持和鼓励。考官是你的合作伙伴，而不是竞争对手。专注于自己的任务既是对考官的尊重，又可以为你赢得考官的尊重和关注。

与同伴一起学习

一长串的名字、日期和诸如此类的需要记忆的内容会让人望而却步。我没有适用于一切材料的记忆方法，但我可以告诉你的是，单纯的记忆的效果不好。你需要在一定程度上理解自己所记忆的内容，否则你记住的内容不会牢牢地留在记忆中。中国有句古训是："不闻不若闻之，闻之不若见之，见之不若知之，知之不若行之。"学生经常试图仅仅通过"闻之"（听课）与"见之"（阅读内容）来完成记忆，但更有利于记忆的方法是切实地进行学习，这就意味着你需要针对内容采取行动。一些学生通过反复抄写并制作速记卡来记忆所学的内容。这种方法确实涉及行动，因此具有一定的效果。

但与此同时，它依赖的记忆方式依然是听和看，而实际采取的行动可能包括复习笔记和资料，以及大声地进行朗读。与之相比更行之有效的方法是向其他人解释你所记忆的内容，仿佛你在将知识教授给对方。在此过程中，你必须回想所学的内容，为它们建立起联系，并且了解其意义。这种有效的方法就是与同伴一起学习。

与同伴一起学习对一部分人来讲大有裨益，而在其他人看来则是避之不及的情况。与同伴一起学习的主要益处包括：（1）你们可以共同制订学习计划，一起致力于将其付诸实践；（2）其中一方在学习的过程中遇到难点时，另一方可以为其提供帮助；（3）你们可以互相为对方讲授所学的知识；（4）在其中一方一筹莫展时，另一方可以为其提供心灵的慰藉。

然而在下列情况中，上述优点也可能成为障碍：（1）其中一方严格地执行计划，而另一方没有（这种情况会导致前者喋喋不休地催促后者）；（2）其中一方很好地理解了所学的内容，而另一方没有理解（或没有为理解付出必要的努力）；（3）双方的沟通方式不相容；（4）将学习时间用于向对方诉苦，而不是完成学习任务（或其中一方不停地抱怨并导致另一方受到影响）。

如果你希望与同伴一起学习，那么我建议你首先和对方见一面，并且判断你们是否拥有同样的目标，以及是否对推进学习过程的方式拥有共同的理解。请你们共同讨论前面两段中提到的利弊。除此之外，你们还需要明确双方的性格是否相容或存在冲突。如果你发现了合适的同伴，就可以尝试与对方一起学习一两个星期，并对效果进行评估。共同学习是否对双方都有帮助？你们是否在认真地学习？是否在逐步完成计划？请你实事求是地进行评估。你的任务是为考试做准备，而不是抚慰他人的情感甚至成为对方的救星。本节的内容既适用于与同伴一起学习的情况，也适用于参加学习小组的情形。

备考用书、辅导课程和个人辅导的选择

备考用书和辅导课程

当你走进任何一家书店，都能看到琳琅满目的备考指南和复习资料。不仅如此，如果你在互联网上搜索"备考"，就会看到搜索结果中罗列出不计其数的备考用书和相关服务。如果你考虑为此类参考书或培训课程掏腰包，那么我给你的建议是：请谨慎购买！

1. 确保购买的备考用书或培训课程能够满足你的需要

备考用书的作用在于帮助你熟悉考试的内容，而培训课程则在讲授答题策略的同时为你提供模拟考试并获得反馈的机会。在你为任何书籍或课程花费重金之前，请全面地浏览可选择的备考用书或提供课程的网站，以确定你选择的备考用书或培训课程能够满足你的需要。但请你注意，无论是备考用书还是培训课程都只能提供整体性的帮助，而不能有针对性地解决你特有的问题或满足你的个人需求。一些来访者垂头丧气地向我表示，某门课程或某本考试用书包含了太多的内容，反而增加了备考的难度，而不是让复习变得更

轻松。"我无法以这种方式掌握全部知识"是这类来访者经常抱怨的问题。备考用书和培训课程既不能帮助他们识别出最需要掌握的重点，也无法告诉他们如何对需要学习的知识进行编排和调整以适应自己的学习风格，或者对他们特有的其他问题或需要做出回应。很多备考用书或培训课程会泛泛地提及本书的主题，即如何在学习及参加考试的过程中保持冷静、自信和专注，但它们不会向你展示切实有效地做到这几点的方法。

2. 尊重自己的学习方法

备考用书和培训课程的设计初衷是广泛地吸引受众并为其提供帮助。在某项口试中，应试者在回答问题前有 7 分钟的时间来做笔记。针对这项考试，每家提供备考辅导的机构都会推荐自己精心设计的做笔记的方法。然而，很多人无法按照备考用书或培训课程中所规定的某种特有的方法进行记录，反而因此陷入了焦虑。为了避免出现这种情况，他们应该更多地从自己的角度出发进行考虑，并且尊重自己准备考试的逻辑和方法。请不要盲目地接受备考用书或培训课程中推荐的策略。你需要在尝试的基础上理解这些策略，然后根据自己的思维习惯和学习方法对它们进行调整。你甚至可以对这些策略进行大幅修改，以便找到适合自己的最佳方式。

作为一名应试者，仅仅做到"照本宣科"不足以培养你的自信和应试技巧，因为这种做法会让你重新陷入"我会采取正确的行动以应付过关"这一行为模式。它的效果不得而知。请你学会建立自己的方法，并且相信这种方法。你可以利用备考用书、培训课程和其他资源来做到这一点。

个人辅导

提供备考辅导的辅导者如雨后春笋般不断涌现。面对这种情况，我想再次强调的是，在这方面请谨慎地投入你的时间、精力和金钱。

一名好的辅导者会为你提供个性化的辅导。他们会判断你特有的需求，并在此基础上计划如何在备考的阶段为你提供辅导。与适用于多人的辅导课程不同，个人辅导的目的是满足你的个人需要。个人辅导所需的费用通常比群组辅导要高，与此同时，你也会与辅导者建立更为直接且紧密的关系。鉴于你需要充分相信辅导者的专业性和知识水平，选择一名适合自己的辅导者就显得至关重要。针对这种情况我的建议如下。

1. 辅导者是否与时俱进

有一次在我为口语考试进行准备时，有人向我推荐了某位辅导者。在和他见面后，我发现，与当时的考试情况相比，这位辅导者的知识水平至少落后了两年，并且他准备的练习题是过时的。这种状况令我感到心灰意冷。在第一次会面后，我没有再与这位辅导者进行合作，并且感觉自己白白地浪费了一笔咨询费。你可以提前打电话和辅导者进行简单的交流，以判断他是否与考试保持同步。如果你在和辅导者见面后意识到对方并不适合自己，就请不要与对方展开进一步的合作。

2. 辅导者是否精准地满足了你的需求

不同的辅导者提供的服务千差万别。在聘请某位辅导者前，请你明确自己的实际需要。你需要对方为你解读考试的内容、讲授答题的技巧，还是辅导你应对考试焦虑。你需要清楚辅导者所具备的特定领域的专业知识，并且判断对方的专长是否符合你的需求。你可以通过电话交流或查看辅导者的个人网站来了解这一点，在此基础上决定是否与其合作。

3. 辅导者是否欣赏你的优点并帮助你发挥所长

在准备考试的过程中，你的精神状态很容易受到影响。如果你对自己掌握的知识和技能缺乏自信，就很容易感觉心里没底，并且对自己可能遇到的阻碍很敏感。你可能会担心自己没有能力通过考试，如认为自己不够聪明或实力不及他人。在这种情况下，你最不需要的便是一味地关注你的不足之处的辅导者，因为这种做法只会进一步限制你发挥自己的能力。你需要能够发现你身上的优点和积极特征的辅导者，即使这些优点看上去无足轻重。例如，你对所学的科目确实感兴趣，你拥有实现目标的动力，或者你在生活中的其他领域取得过成功。发现这些优点能够帮助你更好地准备考试，并且在考试中超常发挥。请小心那些会对你进行打击的辅导者！这类辅导者很可能以自身为基准来采取行动，而不具备发现你的长处并尽可能地发挥这一优势的能力和技术。

4. 辅导者是否易于联系

　　为考试做准备是一个循序渐进的过程。在这一过程中，你按照一定的频率与辅导者会面。当你在两次会面之间遇到问题时，你能否通过电子邮件迅速地得到辅导者的反馈？对方是否许可短暂的电话交流而不收取额外的费用？我曾经遇到过这样一位辅导者，只要我们在电话上进行沟通，对方都会按分钟收取高额的费用。我认为这种要求是过分的，毕竟，每次通过电话报告情况或解答问题仅需几分钟的时间。在与来访者展开合作时，我们达成的共识是不对偶尔进行的不足 10 分钟的电话交流收取费用。如果通话时间超过 10 分钟，我会在与来访者商议的基础上根据交流时长收取一定的费用。几乎每次通话时间都只需要 3 ~ 5 分钟。

5. 辅导者是否接受事后报告并给予反馈

　　在考试结束后，你可能希望向辅导者进行报告并获得反馈。请明确辅导者是否提供此项服务。在我提供的辅导中，这是一项例行服务，并且我不会对此收取费用。我会和来访者商定时间，以面谈或打电话的方式与对方进行交流，以了解来访者在考试过程中的体验。不仅如此，我希望来访者对我的辅导做出反馈，以了解我的哪些工作为他们提供了帮助，而哪些工作没有收到成效，以及他们是否可以为我未来的工作提出一些建议。来访者乐于接受我的随访，并且他们关心自己接受的辅导是否行之有效，而我也从他们的反馈中受益匪浅。

　　如果来访者在考试中的表现未能达到自己希望的水平，那么反馈的环节就为其提供了表达失望的机会。除此之外，辅导者还可以为来访者提供分析，并且为有机会再次参加考试的来访者拟定策略。

如果我辅导的来访者要进行音乐或舞台表演，或者参加体育比赛，那么在日程允许的情况下，我会亲临现场。这种做法可以为来访者提供更多的支持，与此同时，我们也可以分享自己的努力开花结果时的喜悦。对参加笔试和口试，以及在较远的地方进行表演或比赛的来访者来讲，这种做法并不适用，因此在这些情况下，我会事先了解他们参加考试或进行表演的地点和时间，并且用一些时间安静地想象来访者取得成功的情景。我会告诉来访者自己的做法，而他们也都表示这种做法也鼓舞了他们。

适用于所有考试的练习和建议

在前文中，我曾保证要为你提供一个对每项考试都行之有效的练习。这个练习的原型是由我最敬重的老师凯瑟琳·西恩伯格（Catherine Shainberg）创造的，我对它进行了调整，并且将其命名为"光之环"（见练习 7-3）。

练习 7-3　光之环

（用手机微信扫描二维码，
即可边听边做）

　　这是一项效果显著的练习，它会带给你奇妙的体验。我经常在考试前的一周将这项练习教给来访者。你可以在考试前的每一天进行一次这项练习。尽管你每天都会重复这项练习，但你只需在第一次进行练习时想象自己的分数。这是因为在第一次练习时，你需要先撒下种子。此后，你需要做的是通过反复练习来为种子提供养分，而不需要再次播种。

　　除了适用于每项考试的"光之环"练习，我还会为每位来访者提出如下建议，它们同样适用于你需要面对的所有考试。

适当饮食

　　在准备考试的过程中，你有必要注意自己的饮食。就像谚语"人如其食"所讲的，健康的饮食可以稳定地为你提供能量，从而为你的思维活动打下坚实的基础。大量摄入咖啡因、过多食用垃圾食品和在食物中加大量的糖等不良的饮食习惯，会导致你的身体因能量过于充沛而失控，或者因能量不足而感到精疲力竭。在备考期间减肥或尝试全新的饮食结构都是不合时宜的。你需要做的是调整自己的饮食习惯，以帮助自己达到最佳状态。

获得充分的休息

　　你必须明确的一点是，为了保持清晰的思维和充沛的活力，每天需要休息多长时间。每个人所需的睡眠时间不同，你的情况如何？请在学习的过程中为自己设置休息的时间。如果你试图一口气完成过多的任务，那么你的效率就有可能大打折扣。休息不充分会令你感到精疲力竭，而疲劳则是学习和参加考试的大敌。

适度的紧张是有益的

即使是天赋禀异且经验丰富的顶级表演者或运动员，在登上舞台或赛场前也会感受到激昂的情绪。而身为应试者的你也会产生类似的情绪反应。请回想在本书最开始的部分提到的耶克斯－多德森曲线，该曲线表明，适当水平的压力对表现具有促进作用。我将这种适度的压力称为"能量"。它能为你增添活力，令你身体的各个系统变得更为敏锐，并且帮助你为即将从事的活动做好准备。请不要因为在考试前体验到紧张情绪而感到忧心忡忡，这是一种有益的状态。站在辅导者的角度来讲，如果你没有产生类似的情绪体验，我反而会感到更为不安。请将自己想象为一架在跑道上准备点火的喷气式飞机，你需要能量才能一飞冲天。现在，你已经掌握了如何将所需的能量控制在适当的水平。如果你感觉自己的情绪过于高涨，就请使用本书中的工具来进行调整。

顺其自然

这是在考试结束后你能够采取的最佳行动。你付出了努力，而考试也已经结束，因此请你顺其自然。你很有可能会反复地回想试题和自己给出的答案，并且好奇自己的回答是否正确。或许你还会因为可能出现的错误陷入忧虑。但这些想法都无济于事，因为考试已经结束，你不能再对答案做出修改。

在考试结束后，我经常接到来访者打来的电话。他们中的一部分人确定自己不会通过考试并因此伤心落泪或陷入恐慌。而另一部分人则坚信自己表现出了一流的水准并因此志得意满。此后，我们经常会发现认为自己失败的人顺利地通过了考试，而相信自己发挥出色的人则仅仅是侥幸过关。这种现象说明，人们对考试的记忆通常与实际情况存在偏差，因此，请不要相信以事后记忆为依据做出的判断。很多人会在考试后和其他应试者核对答案。我不推荐这种做法。因为即使在考试刚刚结束时，人们对考试的记忆也不一定准确。如果你一定要继续关注考试——有时这种冲动确实难以遏制——就请希望自己通过了考试，并且感谢这项考试已经结束。

给自己一些奖励

在为考试竭尽全力后，你需要回报自己。和朋友外出就餐、享受水疗、逛街购物、睡懒觉、看电影或进行森林浴都是不错的选择。请不要忽略这一步。你为自己赢得了享受愉悦的机会。请稍事休息并让自己得到放松。

欢庆成功或制定新的策略

在得知考试结果后，如果你顺利地通过了考试，就可以庆祝自己取得了成功；如果你没有通过考试，则需要重新拟定策略。未能通过考试或没有取得希望的成绩意味着你需要进一步学习。请明确自己需要在哪些方面进行提高，如学习更多的内容、更深入地了解考试的出题方式或掌握应对考试的方法（使用本书中提供的工具）。请你对自己进行分析。如果条件允许，也请你分析你在考试中给出的答案。你可以和自己的老师、导师、辅导员或辅导者进行交流。你需要下定决心并更有效地利用自己的时间和精力，以付出必要的努力，并且在下次挑战中表现出更高的水准。你终将做到这一点。我曾经在一项口试中失败了。在考试结束后，我听到了当时的录音，意识到自己在回答问题时赘述了过多信息，并且给考官留下了自视甚高的印象。在下次考试中，在练习的基础上我给出了更为简明扼要的答案，最后通过了考试。在有些情况下，人们需要通过参加考试来增加对它的了解。他们可能表现不佳，甚至吞下失败的苦果，然而一旦做到知己知彼，人们便能更充分地为考试做准备。

我希望你记住的是：你人生中经历的一切都为自己提供了学会如何获得成长的机会。

8
chapter

第 8 章

迎接人生中的每一个考验

考试帮助我们成为更好的自己

在本书接近尾声时，我想起了我所敬爱的老师薇欧拉·史波琳（Viola Spolin）构想出的一个剧场游戏，该游戏名为"开始与结束"（Begin and End）。在这项游戏中，每一个行动的结束都是下一个行动的开始。这种模式同样适用于本书的内容。回望这本书，我们始终关注的重点是利用三脚凳模型帮助你降低压力水平并提升考试成绩或表现。现在，你有机会将从本书中所学到的内容应用于在人生的旅途中遭遇的各种各样的考验。

你是否会和我一样产生过这样的疑问：人生的目的何在？这是身为人类的我们所面对的最深奥的谜题，而且坦白地讲，我不清楚正确答案。但与此同时，我愿意与你分享我的理解。在我看来：人生在世的目的是面对一切挑战和考验，并将它们作为让我们成为最高层次的自我的机会，进而为我们所生存的世界做出自己独特的贡献。

人生由一系列持续不断的考验组成，我们都要在其中扮演某种角色，并力图在与他人发生互动的同时扮演好自己的角色。史波琳设计了另一个名为"整体中的一部分"（Part of the Whole）的剧场游戏，在这个游戏中，小组中的每名成员都会作为一个有生命的、会活动的且能呼吸的一部分，以组成一个更大的有机体。例如，一个参与者会起立并通过肢体动作来表现一株舒枝展叶的植物。随后，另一个人会加入进来，然后成为这株植物上绽放的花朵。接下来，第三名参与者会成为围绕着花朵振翅飞舞的蜜蜂。每个参与者都依赖其他参与者而存在。所有的部分都相互关联并各自为整体做出贡献。在我们所处的世界共同体中，每一个人都需要扮演自己的角色并发挥相应的作用，为实现更大的利益贡献自己的力量。

每个人都注定会成为某种角色。有些人注定会成为机械工人、政治家或医生，还有些人会成为神职人员、母亲、运动员、父亲、教师、警官、环卫工人、艺术家或律师。在我遣词造句并精心撰写本书时，我在扮演自己需要承担的心理学家和辅导者的角色。请将地球上的万事万物想象为一部鸿篇巨制，每个人都在其中扮演了一个角色，并且按照专门为我们撰写的剧本进行演出。正如莎士比亚所言："世界是一个舞台。"而我们仅仅是作为演员在表演着自己的角色。然而，我们身处的舞台便是人生，无论你在日常生活中有怎样的作为，你都是这部规模庞大的作品的组成部分。如果你能更多地奉献自己的能力、精力、资源和时间更为出色地完成自己的角色，那么这部作品就更有可能取得成功并惠及世人。

每个人都需要接受人生的考验才能够变得更加坚强，掌握更多的技巧，并且积累更加丰富的经验。宝剑锋自磨砺出，只有经历烈焰的洗礼和千锤百炼的锻造过程，铁块才能脱胎换骨，正是烈火和锤炼帮助它成为注定的样子。没有人在呱呱坠地之时便已经定型，是我们的经历与我们应对它们的方式将我们塑造成现在的模样。在我们的一生中，时刻都需要有所表现。而每一项挑战——无论是在学校进行的考试，还是在日常生活中遇到的考验——都是你强化自己和表现出最佳水平并获得成长的机会。考试可以有效地帮助我们成为最高层次的自我。

每一次结束都是新的开始

正如我在第 1 章中讲到的，尽管我们无法选择人生中遇到的各种考验，但我们可以选择应对它们的方式。面对考验，我们会留下一段惨痛的经历、被压力摧毁、选择逃跑甚至逃避一切挑战，还是会挖掘出力量和内部资源，迎难而上并充分实现我们的潜能？

无论你面对的是令人感到毛骨悚然的重大挑战，还是鸡毛蒜皮的小事（车打不着火、狗在地毯上大小便、找不到家门的钥匙），考验都会不断地出现在你的面前。没有人可以逃避生活中的挑战。无论富贵或贫穷，年长或年幼，快乐或悲伤，我们都注定是参加人生这场大考的考生。

现在，我希望你闭上双眼并花一些时间回想一下自己在过去 24 小时里遇到的考验。例如，我从此刻正在从事的活动出发向前回想，并且将自己在过去的一天中面对的考验罗列如下：

- 回到书桌前继续进行写作；
- 和一名实力强劲的对手进行网球训练；

- 写一封邮件；

- 抑制住想吃芝士汉堡的冲动而吃一顿健康的晚餐；

- 和我的妻子讨论一个棘手的财务问题；

- 和抱有抗拒情绪的来访者进行会面；

- 尽管感觉没有得到充分的休息，却仍然按时起床。

现在请你通过练习 8-1 来做这件事。

练习 8-1　我们所面临的考验

（用手机微信扫描二维码，
即可边听边做）

你需要明白的是，考验是日常生活的构成要素之一，它是不可避免的。然而，你并不需要单枪匹马或赤手空拳地面对它们。三脚凳模型为你面对一切挑战提供了基础。无论面对怎样的考验，你都需要调动包括自己的身体、思维和精神在内的每一个部分，而三脚凳正是可以同时为这三部分提供帮助的综合模型，因此它行之有效。

除此之外，还有一个更为根本的原因决定了这个模型的有效性。让我们简要地对它进行分析。

在三脚凳模型中存在三个领域，每个领域都有自己的"最佳状态"，即在身体层面保持冷静、在思维层面保持自信和在精神层面保

持专注。不仅如此，这个模型还提供了 9 种工具，每个领域分别对
应三种工具。

这个模型可以总结为表 8-1。

表 8-1　三脚凳模型概述

领域	最佳状态	工具
身体	冷静	1. 调整呼吸 2. 脚踏实地 3. 调动感官
思维	自信	4. 倾吐 5. 反馈 6. 设想
精神	专注	7. 停下来 8. 倾听 9. 践行

观察表 8-1，我们可以在三组工具中看到一个相似的模式：

• 每个领域中的第一种工具（1、4、7）中断了造成断连的固有
习惯；

• 每个领域中的第二种工具（2、5、8）对能量进行了重新
定向；

• 每个领域中的第三种工具（3、6、9）都侧重于继续向前迈出
脚步。

我们可以用图 8-1 表示这一模式。

图 8-1 就像一个飞镖盘，位于中心位置的是当下的时刻。你只

能在当下采取行动，它不断为你提供采取全新的方法来成功且高效
地处理问题的机会。你所面对的每一项考验都发生在当下。为了取
得成功，你需要中断并改变旧有的习惯，因为正是这些习惯导致你
发生断连，并且无法在当时的情境中保持全神贯注。在此基础上，
你还需要建立新的习惯来取代原有的习惯。只有做到这一点，你才
能昂首向前。只要你能保持冷静、自信和专注，你便有机会在自己
选择的时刻改变人生，而不是停滞不前。

图 8-1　9 种工具共有的模式

　　最近，我为某所大学的教职员工进行了一次辅导。在我画完图
8-1 中的示意图后，其中一个参加者表示："你说的没错，但这是理
想的状况。"他的言外之意是："我们不可能每次都取得成功。"

　　对此，我做出了如下的回复："如你所言，这是理想的情况，但
这也是我们为之奋斗的目标。请不要为了追求安稳的生活而降低自
己的雄心壮志。你确实不太可能一步到位地做到完美，但请不要因

此裹足不前。你为之奋斗的一切都是你的目标，它们会为你提供前进的动力。"

每一次结束都是新的开始。每时每刻你都有机会超越原有的自我。只要你与自己的身体、思维和精神保持紧密的联结，并且以冷静、自信和专注的状态面对每项考验，你就会不断接近理想的自我。

你能行。请开始采取行动。

9
chapter

第 9 章

给家长的建议

孩子成绩不佳的原因

有些学生经常因为考试感到苦恼，还有一些学生长期在考试中表现得不尽如人意，而无法发挥出自己本来的水准。本章将为这两类学生的家长提供一些建议。

如果你的孩子不喜欢考试，那么孩子和作为家长的你都会为之所累。当孩子因各种原因深陷焦虑时，你同样会感到忧心忡忡。在孩子不愿学习时，你会感到沮丧。当孩子的考试成绩不如同龄人时，你会认为自己是一名失败的家长。

在孩子的压力水平不断提高且表现不断下滑的过程中，你很有可能感到绝望和无助。你希望帮助孩子减轻负担，但却对此无能为力。因此，你需要学会如何为孩子提供帮助，而本书将告诉你如何做到这一点。

即使你的孩子已经是大学生或研究生，或者成家立业，他们在因考试陷入困境时仍然有可能需要你的帮助。本章的内容将帮助你理解他们长久以来存在的问题。对孩子处在中小学阶段的家长而言，如果你能敏锐地发现问题，并且了解相关的解决之道，就能从现在开始对孩子产生重大的影响。借助本书中提供的工具，你可以提前采取行动，以预防考试带来的压力对孩子的表现造成的不利影响。

在我致力于解决与考试表现有关的问题的 40 余年里，我发现了四种导致应试者考试成绩不佳的原因。

- **知识层面的问题**。考生没有充分理解要考查的知识，或者难以记住这些知识。

- **身体紧张**。考生过于焦虑，并且因此无法静下心来投入到学习或考试中。

- **自我怀疑**。在解答问题时，考生不相信自己的思维和推理过程。

- **难以专注于任务**。在备考或参加考试的过程中，考生不断因其他事分心。

这些原因有可能是导致你的孩子在学业上表现得不尽如人意的罪魁祸首。

在成长的过程中，多数家长和我一样，我们被灌输的观念是，考试的关键在于吸收知识并在考场上将它们如数奉还。在考试结束后仍然能记得所学的知识自然是好现象，但与之相比更重要的是考试成绩。我将它称为"反刍式"教育。这是我们接触到的唯一一种模式，因此只能被迫接纳它。然而在过去 40 余年的工作中，我对学习这一行为有了更深入的了解。现在我清楚人们可以从备考和参加考试时的状态入手使考试表现大幅提升。学生们仍然需要"吸收"知识，但他们掌握知识的水平是由诸多因素共同决定的，而这些因素在本书中均有涉及。能够保持冷静、自信和专注的学生比其他学生更具有优势。作为考生，他们无须因糟糕的成绩止步不前。在上述工具的帮助下，他们可以从现在开始自如地应对考试。

理解孩子面临的困难

为了明确压力给孩子的考试表现造成了哪些负面影响，请你将自己的观察结果与下面我所罗列出的内容进行对照。下列哪些条目符合你的孩子？

1. 在备考复习、谈论考试、参加考试和等待成绩时显得异常紧张。

2. 非常担心自己无法通过考试。

3. 拒绝学习。

4. 无法理解所学的内容。

5. 在考试前或得知考试成绩后显得烦躁易怒。

6. 频繁地将自己与他人进行比较，并且认为自己相形见绌。

7. 在学习上一贯缺乏条理。

8. 总是纠结于难懂的概念。

9. 在学习和考试的过程中坐不住。

10. 似乎能够理解所学的知识，但不相信自己有能力考好。

11. 看不到自己与所学科目之间的关联性。

12. 试图以死记硬背的方式记忆所学的内容，而不是通过理解。

13. 尽管平时努力学习，却在考试中表现不佳。

14. 正受困于我表露出的忧虑所引发的压力。

让我们对最符合你的孩子的条目进行分析，以便你参考本书中与之相符的章节（见表 9-1）。

表 9-1　压力反应给孩子造成的负面影响对照表

符合孩子的条目	所反映出的问题	对应的章节
4、8、12	理解能力的问题。你的孩子需要学会如何为考试做准备	请参考 228 页的"如果孩子在所学的内容上遇到困难"
1、5、9	紧张和焦虑。你的孩子需要学会如何冷静下来	请参考第 4 章
2、6、10、13	自我怀疑。你的孩子需要学会如何建立自信	请参考第 5 章及 232 页的"如果孩子受制于自我怀疑"
3、7、11、13	缺少目标及分心。你的孩子需要学会如何保持专注	请参考第 6 章及 233 页的"如果孩子难以保持专注"
14	或许你正在对孩子产生负面影响。你需要学习如何减少自己因孩子的考试成绩而出现的压力反应	请参考 236 页的"避免给孩子造成额外的压力"

你可以借助第 3 章中提到的"伯恩斯坦表现量表"（BPI）与孩子交流压力对他的考试表现造成的负面影响。在让孩子完成量表后，你可以和他一起围绕量表的得分展开讨论。如果孩子愿意开诚布公地与你讨论他必须正视的问题，那么 BPI 就能发挥功效。然而，很多青少年羞于谈及自己遇到的困境，或者希望问题可以自动消失，甚至不希望家长插手自己遇到的任何事，这样的孩子很可能不会将 BPI 作为一种选择。

如果孩子拒绝讨论这个问题，或者不愿为解决问题采取任何行动，那么你就会继续目睹一成不变的结果：不尽如人意的考试成绩和情感上的痛苦。在孩子不配合的情况下，诊断他们的问题将变得更为困难，但这并不意味着你在这一问题上无能为力。有时候，我必须首先让家长意识到他们对自己的孩子缺乏准确的了解。很多家长向我表示自己的孩子"格外努力"，而他们的孩子也经常将这句话挂在嘴边。但在与他们的孩子接触的过程中。我会逐渐发现，孩子的学习过程在很大程度上受到焦虑、自我怀疑和分心的影响。尽管有些孩子看起来像在学习，但这并不能说明他们真正地吸收了所学的知识。存在于潜意识中的恐惧和自我怀疑妨碍了孩子的学习，而他们却将这些情绪隐藏了起来。在客观地观察孩子的学习习惯时，我们总能发现他们面临的真正障碍，但只要孩子自己不正视这些问题，就无法意识到它们的存在。如果你的孩子不够坦率，或者不善于表达情绪，那么我建议你与他的老师、辅导员或咨询顾问进行交流。如果你的孩子表现出了包括成绩不理想、焦虑、缺乏自信和无法保持专注在内的表明压力状态的迹象，就请你对此采取行动。你能够通过自己的努力解决这些问题。你需要做的是给自己和孩子足够的耐心。

下面，就让给我们具体讨论孩子在不同的方面遇到的困境，以及家长可以采取的行动。

如何帮助孩子克服困难

如果孩子在所学的内容上遇到困难

学生需要面对的最根本且至关重要的问题是理解所学的内容。尽管考生可以在选择题上碰运气，但即使侥幸成功，他们也只能获得马马虎虎的结果。如果他们希望取得高分，就必须清楚每道题目的答案，而做到这一点的前提是掌握所学的知识。人们的固有观念认为，不理想的成绩意味着孩子没有刻苦学习，但实际情况不能一概而论。请家长和自己的孩子交流，并且明确从孩子的角度看，是哪些原因给他造成了困难，以及问题的根源何在。你可以向孩子提出下列问题：

- 在所学的知识中，是否存在某些你特别不理解的内容？
- 你是否感觉所学的内容对你来说难度太大？
- 哪些内容让你感觉没有意义？
- 你是否难以记住这些知识？
- 所学的内容是否让你感到枯燥乏味？（请注意：在孩子表示某些内容很"无聊"时，他们实际表达的意思可能是自己不理解或不喜欢这些内容，或者在面对某一学科或老师时感到有压力。）

针对上述问题，我的建议如下。

- **作为家长，你可以向老师寻求建议**。有时候，孩子不能准确地了解自己遇到的困难，并且会因为感到难堪或羞愧而抵触与老师交谈。在这种情况下，孩子可能需要你代表他和老师进行沟通。告诉孩子你和老师交流是一种可取的做法。老师可能比你更熟悉孩子的学习习惯，因此你可以参考老师的观点。除此之外，你也可以尝试让老师为你讲解学习的内容，以判断他的讲解是否清晰。换言之，你需要明确老师是不是构成问题的原因之一，以及他能否为你提供一种帮助孩子的方法。

- **考虑为孩子安排个人辅导**。辅导者可以通过提供近距离的个人关注来帮助孩子。现在，辅导资源触手可及，并且不一定需要花费重金。你可以通过不同的途径为孩子寻求价格低廉甚至免费的辅导，如在校期间的同伴辅导（由同学提供）、包含作业辅导的课后托管，以及寻求额外收入的大学生。想要找到对孩子而言理想的辅导者需要花费一些时间，并且付出相应的努力。请注意：辅导者的水平存在差异。出色的辅导者对学习内容了如指掌，因此能准确地发现你的孩子没有掌握的部分。此外，辅导者的性格也千差万别。有些辅导者为人和蔼可亲，而有些辅导者则不然。在对一名辅导者做出评判时，请考虑如下问题：（1）孩子是否认为辅导者的讲解简单易懂，以及能否和辅导者融洽相处？（2）在辅导者的帮助下，孩子在相应学科上的表现是否有所提升？如果你对其中任何一个问题给出了否定的答案，就请寻找其他辅导者。

如果孩子表现出焦虑

不安或焦虑的心境会使人难以集中注意力。不良的紧张会剥夺孩子保持专注的能力，并且会严重影响他们的考试表现。在紧张与焦虑的情绪对孩子的考试体验造成消极影响时，下列建议将有助于你为孩子提供帮助。

- **阅读第 4 章**。请确保自己能够理解并积极地使用该部分提供的工具。

- **与孩子一起回顾冷静下来的三种工具**：调整呼吸、脚踏实地、调动感官。

- **探索对孩子有帮助的提醒方式**。当你发现孩子忘记自己可以借助工具来保持冷静时，请以相应的方式提醒孩子使用这些工具。

- **孩子是否有规律地进行充分的身体活动**？包括骑车、跑步和游泳在内的活动都可以帮助孩子缓解身体紧张，并且为他们提供释放压力和"重启"自身系统的机会。看电视、打电话和玩电子游戏均不属于有氧运动。孩子们经常试图在长时间从事此类惰性活动后开始学习，但此时他们的能量早已消耗殆尽。

- **孩子的睡眠是否充足**？孩子睡觉的时间是否太晚？他在早上是否不愿起床并面带倦容？在一天中的其他时间（如放学后），孩子是否会显得很疲惫？与成年人相比，孩子需要更多的睡眠。他们每天至少应保证 9～10 小时的睡眠，否则其在学校的表现就会大打折扣，这是因为疲劳会导致孩子的注意力涣散。最新的研究表明，睡眠不足会导致与注意缺陷具有类似表征的问题。很多孩子不能合理地管理时间，因此睡得很晚。在第二天醒来时，他们会感觉筋疲力尽，这将导致他们难以保持专注（详见下文）。

- **留意孩子的饮食**。不容乐观的是，生活在美式文化中的人们习惯每天摄入大量的碳水化合物、糖分和咖啡因。此类食物和"能量饮料"看似能够帮助孩子保持活力充沛的状态，但实际上却不断将他们的精力消耗殆尽。平衡的饮食不但对新陈代谢、能量供给和大脑的功能具有积极的作用，而且可以避免血糖水平出现波动。

- **学会让自己冷静下来**。身为家长，你很容易注意到孩子的感受并因此产生与他们类似的情绪体验（不仅如此，你还有作为成年人需要处理的烦恼）。即使你处于心平气和的状态，只要你的孩子表现出焦虑、悲伤或愤怒的情绪，你就会立即随之体验到类似的感觉。我将这种现象称为"诱发性心理反应"（psychologically induced reaction）。你被引导进入孩子的情绪状态中。这种反应是人之常情，对以父母和子女为代表的具有紧密的情感联系的双方来讲更是如此。如果你能学会在孩子遇到任何情况时都保持冷静，那么你就更有可能帮助孩子降低压力水平。本书的第 4 章向你展示了如何做到这一点。

如果孩子受制于自我怀疑

首先，请家长阅读本书第 5 章的内容，请确保自己能够理解并积极地使用该部分提供的工具。在此基础上，请家长参考下列建议。

- **你是否适合成为孩子的密友**。如本书第 5 章的内容所讲，孩子需要向他人倾吐自己缺乏自信（建立自信的第一个工具）。或许在你看来，你是孩子最好的朋友，但孩子可能不会把你作为倾吐的密友。在有些情况下，孩子不希望家长（或任何人）看到自己不完美的一面，因此你必须放弃孩子应该向你倾吐一切的固有观念，并考虑其他可以与孩子交流的人选。例如，他所敬重的老师，学校的顾问或辅导员，或者孩子身边有责任心的朋友。请鼓励孩子与这些人分享自己深藏于心的想法。

- **对孩子做出具有鼓励性且准确的积极评价**。"你很努力""你曾经面对严峻的挑战并取得了成功""你能行""我相信你""我知道你有能力做到"。上述这些评价是具体的。与之相反，"你是世界上最棒的"之类的评价固然也是爱的表露（并且你或许对此深信不疑），但在缺乏自信时，孩子恰恰不会这样认为。不仅如此，这类评价也不够具体。请避免对孩子做出过度泛化或夸大其词的评价。你需要做的是向孩子反映与其有关的准确且积极的信息。这便是建立自信的第二个工具。

- **将任务分解为小而可行的步骤**。当任务令孩子感到不堪重负时，他的自信很容易受到打击。你可以引导孩子看到任务能够被分解为小而可行的步骤，并且他可以想象自己成功地做到其中的每一步。每完成一步，孩子的自信水平都会得到提升。这便是建立自信的第三个工具。

- **请你相信自己**。在孩子表露出的自我怀疑的影响下，你可能会认为自己没有很好地尽到作为家长的职责。但事实并非如此！每个人都有属于自己的问题，但请不要将自己的问题与孩子的问题混为一谈。你的孩子是一个独立的个体。如果你能够坚定地保持自信，就可以为孩子提供更好的支持。你可以借助本书第 5 章中提供的工具来做到这一点。

如果孩子难以保持专注

如果个体无法专心于任务，通常说明其积极性不够。缺少积极性的孩子会让家长和老师很棘手。哪种程度的鼓励可以在促使孩子前进的同时避免引发抵触情绪和可能导致崩溃？如果孩子看不到每个人与生俱来的实现潜能的渴望，家长又该如何是好？没有表现出积极性并不意味着孩子缺少追求卓越的内部动力。这种动力是人类生来就具有的，你的孩子也不例外，他只是受到了阻碍。只要将阻碍清除，他渴望追求卓越的天性就会得以显现。

如果你的孩子在学习方面的积极性不高，就请帮助他找到阻碍他前进的原因。他是否认为即使自己努力也不会取得成果，因此感到无能为力？或许，他曾经在某些过于艰巨的任务中失败了，因此不愿再面对任何挑战。或许，他只是尚未体验过取得某种成就所带来的激动之情，因此你需要借助积极的经历帮助他品味这份喜悦。又或许，作为家中最小的孩子，他在哥哥和姐姐们面前总是相形见绌。在这种情况下，家长需要为孩子创造更多和同龄人相处的时间，以便为他提供更为平等的机会来取得成功。有时候，父母会因为自己取得过出色的成就而对孩子寄予过高的期待。处在这种环境中的孩子或许会在最初的几年里默默地承受来自父母的高压，但终有一天他们会希望掌控自己的生活，并且为此做出反抗。对年轻人来讲，他们所了解的仅有的反抗方式是与父母的要求背道而驰。因此，作为家长，你需要实事求是地考虑自己是否给孩子施加了过大的压力，导致"成就"一词被赋予了消极的意义。除此之外，孩子的积极性受到打击的原因也有可能是某位老师对学生缺少鼓励、持否定态度或不够友善。

无论原因如何，缺乏积极性无疑会影响孩子保持专注的能力。请你首先阅读本书第 6 章，在此基础上，请向自己提出下列问题。

- **希望孩子取得成功是谁的目标？** 家长理所当然地希望自己的孩子能有优异的表现，但如果孩子没有将其视为自己的目标，那么你就有可能在付出艰苦卓绝的努力后无功而返。请就这一点和孩子进行沟通。围绕目标进行开诚布公的讨论可以有效地帮助孩子明确自己为什么需要努力。有时候，你可以采取不同的方式解读问题，力求帮助孩子看到他确实希望追求某个目标。第 6 章的内容有助于你明确此类问题并采取恰当的行动。

- **你的孩子有哪些分心的举动？** 你的孩子是否花很长时间玩手机、发短信、上网、查看邮件、玩电子游戏、看电视或吃东西，而不是完成作业？你能否为孩子设定切实可行的学习时间段，并且在每个时间段之间辅以吃零食及从事分心活动的休息？你可以考虑利用计时器帮助孩子在一段时间内更稳定地保持专注。鉴于现在的孩子通常只能在短时间内保持专注，你不妨从较短的学习时段入手（如10分钟），并将最终目标设置为每学习30分钟后休息5分钟。

- **老师是否是构成问题的原因？** 如果你的孩子发现自己的老师很少鼓励学生，对学生持否定态度，甚至为人刻薄，就请和学校的负责人进行交涉并尝试将孩子调换到其他班级。在有些情况下，老师的性格会和某些孩子格格不入，此类问题可以在更换老师后得以解决。

- **你自己能否保持专注？** 如果你能够做到在拥有明确目标的同时将分心的干扰减少到最小，就可以为自己的孩子树立良好的榜样，以便他切实地看到保持专注可能为他带来的积极结果。本书第6章的内容有助于你增强自己保持专注的能力。你需要记住的是，归根结底，孩子需要看到积极的结果并体验到达成目标带来的喜悦，并且在此基础上主动地学会培养良好的学习习惯。尽管你可以在此过程中为他们提供鼓励和辅导，但他们之所以付出努力，其目的是让自己走上更具有成就感的人生之路。孩子不能将自己的积极性建立在家长的期待之上。

避免给孩子造成额外的压力

在上一节中，我们着眼于"孩子"这一因素，了解了他们的哪些行为可能会使自己的压力水平升高，并且因此给考试表现造成消极的影响。在此基础上，我们还需要考虑"父母"方面的因素，即你的行为可能导致孩子的压力水平升高。需要首先提醒你的是：在本节中，我会向你提出一些具有挑战性的个人问题。在阅读下面的内容时，实事求是地进行自我反思将会对你的孩子和你都大有裨益。

我将家长的无益行为大体分为四类。请阅读表 9-2，然后迅速判断其中哪些条目与你的情况相符。你可以直接跳到与该条目对应的标题下（表 9-2 下面的内容），也可以继续通读本节的内容。

表 9-2　家长的无益行为

比较	你是否用孩子的表现与他的兄弟姐妹甚至你曾经的表现作比较（如"你的姐姐从来不会在这方面遇到问题"或"我上学的时候就喜欢数学"）
不切实际的期待	你是否认为自己的孩子是不为人知的天才，或者他具有的才智与能力远远超出其他人的认识
孩子的表现影响到了你的自尊	• 你是否认为孩子的考试表现反映着你对他的教育？你希望孩子成绩优异的真正原因是不是为了成为他人眼中的好家长 • 你之所以希望孩子取得成功，是不是因为自己在儿时表现得不尽如人意，并且因此希望自己的孩子不再重蹈覆辙

（续表）

你事无巨细地管理着孩子的一切	• 你是否相信，只有时刻掌握孩子的行为，甚至事无巨细地检查他所写的每一个字是否横平竖直，才能保证孩子不走弯路 • 你是否像直升机一般盘旋在孩子的头顶，并代替他去对老师、辅导者甚至其他孩子指手画脚
你秉承"咬牙坚持"的理念	你是否认为人生充满艰辛，而经历苦难便是生活的意义

你是否拿自己的孩子和其他孩子作比较

你可能曾对自己的孩子表示："我不明白为什么你觉得化学如此棘手。你哥哥每次化学考试都是第一名。""你的朋友罗伯特在拼写单词时似乎从来没有出现过问题。"或者"我上学的时候酷爱数学，可你怎么就学不会呢？"此类言辞会让孩子感觉自己相形见绌，并且引发一种屈辱感。诸如此类的比较向孩子传递的信息是你不理解他，或者对他缺少真正的关心。这种做法会进一步恶化孩子内心已有的消极情绪。在你将孩子与他的兄弟姐妹、同学或曾经的你作比较时，会让他感觉自己生来便愚蠢且无能，并且无论他付出怎样的努力都无力改变这种状况。除此之外，当你告诉他学习某些内容对其他人来讲并非难事时，他还会得出怎样的结论呢？正如我在本书第 5 章中提到的，与他人进行比较是一种陷阱，它会引诱你踏入消极情绪的泥淖。在与他人进行比较时，孩子不再关注造成压力反应的实际原因，而将注意力放在与自尊和爱有关的问题上，这将导致他们无法跨越真正的障碍。作为家长，理想的做法是关注你的孩子所处的状况和他的需要，而不是其他孩子现在的所作所为或曾经取得的成就。请用心向孩子提出与他的经历有关的问题，并且在此基础上理解他的需要。

你是否对孩子抱有不切实际的期待

有时候，家长会将自己的孩子理想化，并且将他们视为无所不能的小超人。但如果你心目中完美无缺的孩子对你认为他应该名列前茅的学科不感兴趣，或者不喜欢你认为他应该乐在其中的课程，你会有何反应？如果他在学业上表现不佳，你又会采取怎样的行动？有些家长固执地认为自己的孩子是小天才，因此将责任归咎于老师、学习内容或考试上。抱有这种心态的家长很难正视自己的孩子，并且意识不到孩子或许并非自己眼中的"明星"。望子成龙、望女成凤是每位家长的心愿，这种愿望无可厚非。身为家长，你是孩子最坚强的后盾，并且能为孩子提供源源不断的支持。但如果你希望为孩子提供真正有益的帮助，就必须首先承认他所具有的优点和缺点，并且在此基础上以切合实际的方式对孩子进行鼓励。你必须承认并接受孩子的好恶——尽管做到这一点难上加难——然后坦率地面对孩子的能力和局限。这种做法有助于你的孩子实事求是地建立起对自己的理解。

你是否认为孩子的表现反映着你对他的教育

对有些家长来讲，如果自己的孩子没能通过某项考试或取得的成绩不够理想，就说明他们没有尽到作为家长的职责。"什么样的家长才会放任自己的孩子考试不及格？他们难道不督促孩子学习吗？他们对孩子上心吗？"与之相反，在他们看来，优秀的成绩单则能彰显家长教育有方。无论你采取哪种观点，都说明你将孩子的表现和自己的自尊联系在了一起。这种思维方式对孩子和你都是无益的。

孩子在考试中表现得不尽如人意，这并不一定说明你没有尽到作为母亲或父亲的责任。这个结果可能只意味着你的孩子在所学的内容上遇到了困难，或者出现了与考试表现有关的问题，并且需要一些有针对性的帮助。如果你将孩子的考试表现和你的自尊混为一谈，就会在这个问题上感情用事，并且因此导致孩子的压力水平进一步升高。如果你曾在上学时表现不佳并仍然对此抱有羞耻、愤怒或愧疚的情感，那么这个问题就会变得更复杂。如果你无法独立地看待孩子的表现和你的自尊，那么你可以考虑寻求不同形式的支持，如阅读相关书籍、在线求助、参加朋辈训练或接受专业的心理咨询。

你是否事无巨细地管理着孩子的一切

有些家长的初衷是好的，但与此同时，他们会因希望自己的孩子取得成功而对孩子实施近距离的监管，以确保他们做好每一件事。

这种做法可能升级为不断对包括老师、辅导者和孩子朋友的家长在内的人进行干涉。"直升机式父母"（像直升机一样盘旋在孩子的上空，时刻监控孩子的一举一动）是最近才被添加进育儿词典中的一个词语。作为家长，尽管你希望自己的孩子出人头地是人之常情，但你最应该采取的行动是为孩子保留成长的空间。虽然家长很难做到眼睁睁地看着自己的孩子犯错或做出不明智的选择，但只有孩子自发的行动才能引发真正的学习和成长。如果你事无巨细地管理孩子及其周围的一切，那么你的角色无异于永久地固定在儿童自行车上的辅助轮。这种做法会导致孩子对你唯命是从，而永远无法独立、保持平衡并迈出前进的脚步。

如果你有过分干涉孩子甚至代替他采取行动的倾向，那么我建议你重新阅读本书第 6 章的内容。首先，请你明确自己作为家长的目标。对我来讲，这个目标应该是为孩子提供安全且健康的环境，以帮助他学习，并且以自己独特的方式获得成长。你需要在自己渴望挺身而出并接管孩子需要处理的任务时有所觉察。一旦发生这种情况，就请借助工具让自己停下来！请你询问自己："此时出面干涉对我的目标是否有帮助？"在此基础上，请倾听自己内心的声音，它将引导你采取与目标相符的行动（冷静下来并允许孩子为自己负责）。最后，请你听从内心的声音为你提供的辅导，为孩子留出他所需要的空间。请你置身事外，默默地守望自己的孩子并为他送上祝福。

你是否以咬牙坚持的态度面对挑战

父母通常认为现在的孩子在很多方面"得来全不费工夫"。曾经不止一个人向我表示："当年我参加某项考试时是不允许携带计算器进考场的。"在他们看来，似乎计算器可以帮孩子扫清一切障碍，因此他理应一帆风顺地取得成功。当孩子因压力太大而失控时，有些家长既不能理解，也无法感同身受。"我挺过来了，你应该也能做到。"这种态度或许在你上学的时代行之有效，但随着时间的推移，它对现在这个时代来讲是不合时宜的。在你和自己的孩子年龄相仿时，你很可能对身边的成年人言听计从（他们要求你咬牙坚持）。现在的孩子更容易产生压力。每个人都需要面对各种各样的挑战，孩子也不例外。在这种前提下，要求孩子咬牙坚持的做法恰恰忽视了他正在经历的痛苦，进而剥夺了他学会如何应对这种苦难的机会。如果你能够在孩子经历挣扎时为他提供支持，而不是轻视他的痛苦，那么在帮助孩子处理眼前的考试的同时，你还能够赋予他用以面对人生中的其他压力事件的方法。

最后几点提示

在通读本书的内容并认真思考本章中给出的检查表中所列出的条目后，相信你能够更有效地帮助自己的孩子在减少考试压力的同时掌握提升考试成绩的技巧。

在此基础上，我还有几点提示。

- **留意家中的学习环境**。为了在家中营造健康的学习环境以帮助孩子提高学习效率，你需要注意如下几个要点。

  - 如果条件允许，请留出一个供孩子写作业和进行考前学习的固定区域。一旦孩子进入这个区域，即使他的思维不愿勉强自己学习，他的身体也会提醒自己必须全力以赴。

- 为孩子准备好他可能需要的所有资料和物品（相关书籍、纸张、计算器、笔）。请记住：为了找转笔刀花费的时间并不属于有效的学习时间！

- 如果你有不止一个孩子，但家中的空间有限，而不能为每个孩子分别提供一张书桌，就请为每个孩子各自准备一个篮子，并将他们所需的所有学习用品都放在这个篮子中。在每次学习结束后，请将篮子收纳在同一个地方。

- **时刻理解孩子所承受的压力**。你是否清楚孩子所学的各个学科对他提出的严苛要求？请尝试告诉孩子："我希望能在你的帮助下理解数学带给你的挑战。"这种做法有助于让孩子明白你愿意为他提供支持。

- **不要评判孩子或解读其行为**。评判孩子是指对他说一些带有批评色彩的话语，例如："你没有学好数学是因为你没有动脑筋将问题梳理清楚。"而在进行解读时，你会说："在我看来，你做得不够好是因为你在指望其他人帮你解决所有问题。"这种说法同样是一种评判。这些话语无济于事。评判和解读会导致孩子对家长关闭心扉。

- **判断孩子的自信是否徒有其表**。你是否感觉孩子总是试图做足表面功夫？换言之，他是否希望在有问题时自己仍然做出成竹在胸的姿态？如果你怀疑自己的孩子存在这种倾向，就请肯定他取得优异成绩的渴望，并且告诉他偶尔对自己产生怀疑属于人之常情。自我怀疑最终会动摇孩子的自信，因此，比起视而不见，更好的做法是鼓励他们将这些怀疑摆到桌面上来并一探究竟。

- **当孩子在考试中表现不佳时，他是否表露出了提高成绩的意愿?** 请询问孩子是否愿意尝试某种辅导，以及他是否愿意接受辅导者或家庭教师的帮助。

- **注意不断增加的断连的迹象并发现可能存在的抑郁情绪。** 请注意倾听孩子对某些特定的学科或对学校这个大环境所进行的表达。如果他从学校回到家后经常抱怨或表现得愤愤不平，而且很少展露笑容，那么这很有可能意味着他正在逐渐与自己所处的状况发生脱节，甚至存在抑郁情绪。或许他忽视了学校生活中确实能给他带来快乐的因素。明确这些因素有助于你逐步理解孩子的动力从何而来。这种快乐是否来自某一学科或某位老师? 找到这些问题的答案还可以帮助你理解为什么孩子与其他学科发生了断连。如果孩子对学校的一切甚至生活中的其他方面都失去了兴趣，那么他可能陷入了抑郁的状态，这需要借助其他方式来获得帮助，如专业的心理咨询。

- **寻求帮助和商谈。** 在有些情况下，与表现相关的问题背后潜藏着焦虑和抑郁，这些问题需要从专业的角度给予关注。请和学校的心理老师探讨可在校内提供的服务，或者请对方将孩子转介给学校系统外的专业人士。

毫无疑问，考试充满挑战，并且不会消失。比起眼睁睁地看着孩子在痛苦中折戟沉沙，你可以为他们提供帮助并培养他们成功应对考试的能力。请记住，只要记住并掌握所学的内容就能取得优异成绩是普遍存在的一种误解。如本书所讲，掌握知识只是其中的一个方面。与之相比更重要且不会发生改变的因素是应试者自身，以及他能否学会在学习和考试的过程中充分做到冷静、自信和专注。

作为家长，你自然希望孩子能够成功地应对学校的各项考试，以及在今后的人生中出现的诸多考验。但成功并不仅仅意味着考取高分，它同样意味着在身体、思维和精神层面获得成长，以及学会保持冷静、自信和专注。只有做到这一点，你的孩子才有能力应对未来的人生道路上的各种挑战。

10
chapter

第 10 章

给老师的建议

如何使用本书

如果你是一名老师、学校管理者或教育政策的制定者，那么我衷心希望本书中涉及的内容能对你有所帮助，并且激发你的灵感。

教师可以说是世界上最具挑战性的职业，它要求从业者对千变万化的各类变量保持密切的关注。老师既需要关心每个学生的认知和情绪发展，也需要考虑动态的群体因素；既需要了解高度敏感的文化和政治问题，又需要跟上科学与信息技术日新月异的进步。为了始终全面地把握这些要素，老师含辛茹苦地付出了自己的全部时间和精力，然而这也是你作为老师应尽的职责。一名敬业的老师必须时刻保持清醒，并且随时准备好面对不断变化的环境带来的挑战。

我曾经旁听过某所公立学校三年级的课程。在数月的时间里，我一直记录老师和班上学生的所作所为，并且发现了令人沮丧的事实：在课堂上，老师将 75% 的时间耗费在了让学生保持安静；而在教室里，有一半学生在机械性地记录老师要求他们学习的内容，另一半学生则无所事事、偷偷吃东西和传纸条等。学生们或是百无聊赖，或是坐立不安，他们仅对学习活动保持最低程度的投入，交头接耳的声音此起彼伏。老师因此不得不随时提醒学生保持安静，但也只能收到一时之效。在不求甚解地学习一段时间后，孩子们又会变得烦躁且吵闹，老师则需要再次花很大的力气让他们安静下来。这个过程不断循环往复。即使到了大学阶段，情况也不会发生好转。很多学生分心于与学习无关的活动，而很少专心听课。

在这种情况中存在着严重的断连，而且不幸的是，这种断连正在成为一种固有的模式，而非偶然现象。老师被眼前的状况和学生的实际行为误导，学生真正学到的也并非老师教授的内容。这是对时间、精力、人力和社会资源的巨大浪费。我必须声明的一点是：我无意批评勤恳付出且心怀善意的老师。在本章后面的内容中我将会提到，这种断连的根源并不在于老师。

每一个在学校工作的人都需要回答一系列最基本的问题：教育的目的是什么？我在对学生产生怎样的影响？我的目的是为学生提供启发性的体验，还是训练他们像囫囵吞枣一样填塞更多知识，而不是消化和吸收？我是要引导学生接纳对自己和他人的道德责任，还是通过威胁的手段迫使他们顺从？我应该培养他们的奉献精神，还是鼓励他们你争我夺？

我们每天都纠结于上级的指令、课程的要求及学生的需求，难免偶尔会因此脱离最根本的目的，即通过教育帮助孩子过上健康向上、有所收获且心满意足的生活。我们真正的职责是启发学生度过整合且富有意义的一生，并为他们提供用以实现这种人生的工具。我们的学生无时无刻不在面对大大小小的人生考验，因此，我们需要清楚如何帮助他们为这些挑战做好准备，并且在此过程中为他们提供支持。

在第 1 章中，我曾将本书比作一个工具箱。它旨在为包括高中生、大学生和研究生在内的学生们提供 9 种有助于他们在任何一项考试中保持冷静、自信和专注的工具。冷静、自信和专注是他们在需要有所表现的情境中取得成功的必备品质。这 9 种工具构成了三脚凳模型，其中包括身体、思维和精神三个组成部分。

作为老师，这个模型同样可以为你所用。冷静、自信和专注的状态有助于老师降低自身的压力水平，并且更出色地完成教学工作。不仅如此，冷静、自信和专注的老师也可以为学生树立典范。

如果你在翻开本书后直接跳到了这一章，那么我建议你回到第 1 章并完整地阅读本书。这样做的理由有两个：首先，本书为你提供了大量值得参考的见解和有价值的工具，它们能够帮助你的学生在考试中取得更理想的成绩，并且获得更佳的学习和应试体验；其次，你可以在阅读本书的过程中反思自己作为教师的从业经历，并且让这三种品质在自己身上得以体现。换言之，你能否很好地保持冷静、自信和专注的状态？教师首先要做到为人师表，与你所教授的学科（包括数学、文学、历史、科学和语言等）知识相比，你自身的品质更重要。如果你能做到冷静、自信和专注，就可以将这些品质展现给你的学生。对学生来讲，在你的影响下，他们也更容易做到冷静、自信和专注。倘若你在讲台上表现得很紧张，就很难向学生传授、讲述或强调这些重要的品质。

在写作本章的过程中，我有幸在脑解剖实验室中观摩了大学一年级医学生的教学活动。在某个下午，我目睹了一位神经科学家令人叹为观止的表现，并且不由得对他心生敬畏。他对学生循序善诱，时而对他们给予鼓励，时而向他们提出挑战。在此基础上，他触发了学生们主动理解和学习从大脑至全身的复杂神经网络的意愿。他点燃了学生们心中的热情。尽管在此起彼伏的数百个技术用语中，我能听懂的寥寥无几，但我仍然被他的授课方式深深地吸引，并且对此感到兴奋不已。他保持着极高的专注和过人的自信，并且在保持独特且充满活力的言谈举止的同时，他能够非常冷静地对待每一名用自己的方法学习的学生。他对学生们的信任溢于言表，这种信任深深地印在了学生们的心底。我不得不说，这位神经科学家完美地体现了我在本书中极力希望传达给你的内容。

我衷心地希望你能达到——或至少接近——上述这位老师的高度。请相信我，这并非天方夜谭。请你认真阅读本书的各个章节，完成练习，培养自己的觉察能力，使用工具，反思自己的经验，然后将本书中的内容应用于你的教学活动中及学生身上。请你将本书视作自己的工具箱。只有不断地学习，你才能在真正的意义上实施教学。

将本书内容运用于教学活动中

在此，我将为你提供一些简明扼要的辅导，以说明老师如何将三脚凳模型运用于教学活动中。除此之外，考虑到人生是一个学无止境的过程，或许你也希望使用这个模型来帮助自己。在继续阅读本节的内容前，请首先完成位于本书第 3 章的"伯恩斯坦表现量表"（BPI）。你的得分表明了怎样的状况？在这个模型的三条腿中，你的哪一条腿较弱并需要进行强化？较强的又是哪一条腿？请你对自己实事求是。根据结果，你或许有必要重新阅读与需要加强的那条腿对应的章节。除此之外，你还需要培养在发生断连时有所觉察的能力，并且在此基础上练习借助工具重建联结，并回到"最佳功能区"。

冷静

你会在什么情况下失去冷静？导致你失去冷静的是学生不守规矩的行为，吹毛求疵的学校管理者，怒气冲冲的家长，无止境地牺牲业余时间的要求，还是学校和上级部门制定的在你看来毫无意义的考试标准？可能的原因不胜枚举，但关键在于找到造成你不够冷静的独特诱因。在情绪失控时，你的身体出现了哪些表征？例如，心跳加速、面红耳赤或胃部紧张。让你失去冷静的是某种想法，还是某个人的所作所为（如果父亲再对我大喊大叫，那么我就要对他大打出手）？别人的紧张和焦虑很容易传染给我们。如果身边的人表现得很激动，那么你也会在无意间产生类似的情绪体验。无论遇到哪种情况，你都必须想方设法和自己保持联结，而不卷入他人的情绪之中。在对其他人表达共情的同时可以让你避免陷入与对方相同的情绪，或者被他们的消极情绪传染。

一旦你对导致自己不够冷静的诱因有所觉察，并且识别出与身体发生断连的迹象，就请借助工具降低自己的压力水平，以避免它不断升高。请平稳地进行深呼吸，并且做到脚踏实地。即使其他人处于激昂的情绪状态中，你也仍然有能力感受地面为你的双脚提供的支持，将面部、颈部、肩部及内脏的紧张释放出去。面对处于焦虑或愤怒情绪中的人，请感知自己和对方周围的空间。通过对更大范围的环境的把握，你可以接入自己的副交感神经系统。正如我在本书第 4 章中所讲，副交感神经系统可以帮助你冷静下来。

自信

每一位老师都心知肚明的是，班级里总会有一部分学生向自己发起挑战和考验。他们或者在以这种方式获得消遣，或者在向朋友炫耀。他们会和其他同学交头接耳并扰乱课堂秩序，或者做出其他滑稽可笑的举动吸引他人的注意。有时，老师可以不把这些恼人的举动放在心上，但有时候，这些举动会动摇老师的自信。老师会认为自己讲的课不够有趣，因而对学生缺乏吸引力。这种想法会导致老师怀疑学生是否尊重自己，并且不时地疑惑自己是否能胜任这项工作。如果你任凭这些状况对自己造成打击，那么它们便会像流沙一般迅速将你吞噬。这是因为一旦你失去自信，就会陷入自我怀疑的泥淖中无法自拔。然而，在觉察能力和相关工具的帮助下，你可以迅速地重新站稳脚跟，颠覆消极思维，并且在此基础上重拾坚定的信念。

你抱有哪些消极的自我评价？当学生以一种粗鲁且极为不快的方式向你发起挑战时，这种行为所引发的消极自我评价甚至有可能对你的人生观和价值观造成冲击，导致你陷入困境。教学是一个不断对你的自信提出考验的过程，你越是希望出色地完成这项工作，就越会经受严峻的考验。之所以这样讲是因为作为老师，在课堂上向学生提出挑战的过程中，你也承受着一定的风险。每天，你都会好奇自己能否顺利地完成教学工作，而那些心存抵触、懒惰、愤怒或厌倦学习的学生会一刻不停地向你发起反抗。有些学生无法理解所学的知识，有些学生看不到所学的学科对自己的意义，还有些学生单纯对学习不感兴趣。面对这些学生，你能否激发他们的兴趣，让他们参与到学习中来，并且找到有助于他们理解所学知识的教学方式，而不是因为他们的行为对自己做出消极的评价（如我不是一名合格的老师）？

除此之外，你的自我价值也在不断地经受考验。从儿童期步入青春期的青少年可能会深陷有关自我价值的困扰，因此，他们会以五花八门的方式向你发起挑战。当这种情况发生时，你会感到自己身陷重围且无力抵抗，并且因学生们是否不喜欢自己而忧心忡忡。在成为一名出色的教师的旅程中，你势必要与痛苦和磨难进行斗争。每天你都要竭尽全力地培育那些需要启发或对成长心存恐惧甚至抵触的学生。在此过程中，你有必要建立自信，并且不断强化对自己抱有的信念。

请你学会在对自己的表现产生怀疑并出现以"我不能""我没有""我不是"等开头的想法时有所觉察（例如，我不能应对这种情况，我不是一名好老师，我没有能力完成这项工作）。诸如此类的消极观念将导致你与积极且坚定的自我发生断连，进而削弱你出色地完成教学工作的意愿和能力。

一旦你注意到自己的信心发生动摇，请立即学会向内心的密友——你的最高层次的自我——进行倾吐。请将令你感到烦躁不安的消极观念讲述给这位密友。你可能会发现自己希望追求完美。然而，你需要清楚的是人无完人。请不要再执着于不切实际的高标准，而是给自己留有余地。你必须摆脱消极观念的束缚，否则它们会不断恶化且进一步发展壮大。通常情况下，当你遭遇可能触发此类消极观念的状况时，它们便会不知不觉地浮现在你的脑海中，但这并不意味着你需要为它们提供养料。你无法将它们拒之门外，但你可以放手让它们离开。你的人生不必被消极观念主宰。

接下来，请让你的密友，即最高层次的自我，向你反馈与你有关的积极且准确的信息并帮助你抵消消极观念。例如，这位密友会告诉你："你曾经多次向艰难险阻发起挑战，因此肯定有能力渡过眼前的难关。"请你接纳这些信息，并且借助它们来强化你对自己抱有的信念。

最后，请你设想自己成功地采取一系列小而可行的步骤来扭转消极观念。例如，学生们喜欢做什么，你可以和他们一起进行头脑风暴，了解他们每一个人的兴趣是什么。此后，你可以每天邀请一名学生协助你设计第二天的课程。在想象自己采取外部行动的同时，你也在修正自己内在的心理过程。在调动想象力描绘成功图景的过程中，你可以扭转对自己产生的消极观念。

作为老师，无论对你还是对学生来讲，考试都是不会发生动摇的本职工作之一，请你接受这一现实。通过向学生展示自己如何冷静和专注地应对挑战，你可以亲自向他们示范建立自信的过程。如果你能够相信自己，并且在遭遇困境时一步一个脚印地稳步前行，那么在此基础上，你便可以培养自己的能力，并且为学生树立更好的榜样。

专注

在三脚凳模型中，专注代表着个体的精神。如果你希望在教师的工作岗位上持续不断地取得成功，那么对你来讲，专注这条腿就显得至关重要。然而与这种情况背道而驰的是，在教学中，专注是最不受重视的因素。长久以来，很多人认为"收获快乐"意味着"拥有很多钱"。在我看来，"收获快乐"意味着无论你付出的艰苦努力是否转化为了丰厚的经济回报，它都能为你带来幸福和满足。

在本书第 6 章中我们曾谈到，在专注的状态下，你会拥有一个明确的目标，并且会为实现这一目标采取行动。你需要问自己的一个问题是："作为老师，我的目标是什么？"

在我看来，因为老师每天面对的要求极为严格，所以这些要求自身就成了老师的目标，并且导致他们无暇顾及其他更高层次的目标。例如，启发学生并为他们赋能，激发他们的好奇心，培养他们对学习的热情，为他们提供体验群体生活的机会，并且以尽职尽责的学习伙伴的身份向他们展示如何对自己和他人负责。

你会在哪些情况下分心？在你的行动和更高的目标发生断连时，你需要有所觉察。我将这种断连定义为分心。以我的经验来看，很多老师分心的表现是将问题归咎于教育系统并对此抱怨连连。不可否认的是，教育系统中确实存在不少没有带来实际效果的环节，你也希望有些方面能够得到改善，从大量被要求保留的记录，到过时的教学大纲，再到学生必须参加的看似永无止境的考试。如果你一味地对它们大发牢骚，就很难有精力和兴趣实现我在上文中提到的更远大的目标。不仅如此，在对教育系统抱有消极情感时，你很容易将自己体验到的沮丧发泄到学生身上。"如果他们能表现得更出色，我的教学工作也会随之变得轻松。"你会采取吹毛求疵的态度，并且关注学生们无关紧要（有时会令人不快）的举动。尽管你清楚可以用更好的方式处理自己的沮丧情绪，但你仍然会对学生横加指责，甚至以激烈的言辞羞辱学生。这些情况都说明你不够专注并偏离了正轨。

当你分心于消极的观念和行为并逐渐脱离正轨时，请使用保持专注的三种工具与自己的精神重建联结。一旦你发现自己发生了断连——如过分地苛责某名学生——就请使用第一种工具。请停下来并问自己："我现在所采取的思维方式和行动能否引领我实现目标？"答案是否定的！接下来，请你倾听并接受最高层次的自我提供的明确的引导，这种引导会告诉你如何与自己的精神重新建立联结。请通过深呼吸让自己冷静下来并以直接且不失尊重的方式接触和看待这名学生，虽然你不喜欢他的所作所为。最后，请按部就班地为了实现目标采取行动并以这种方式听从内心的声音为你提供的引导，同时与自己的精神重建联结。例如，你可以注视面前的学生并以冷静、自信和专注的态度告诉他：你对他的希望，他在哪些方面存在不足，以及他可以做出哪些改正。在这一过程中，你必须始终保持专注。你需要以身作则地为学生做出表率，而不能说一套做一套。除此之外，你还需要记住的一点是，在帮助学生掌握知识的同时，你也在为他们的人生奠定基础。在教会学生如何解出代数方程之外，你的工作还具有更深远的意义。因此，你所采取的行动必须与公众利益保持一致。

学生实际在学什么

尽管本书聚焦于考试表现，但想必细心的读者已经发现了我创作本书的最终目标：解决因考试造成的压力和成绩不理想这两个基本问题，并且弥补这些问题所反映出的我们对学生进行教育的方式中存在的不足。我在读研究生阶段学习了家庭治疗的理论与技术，在此过程中，我发现了一个值得关注的现象：家庭中的捣蛋鬼（一般是儿童或青少年）通常不是真正的问题所在。他们所做出的令人厌烦的行为反映出了整个家庭中存在的问题。家庭成员往往对这些问题一无所知，解决更是无从谈起。学校中同样存在这种现象：表现不佳的学生能够为我们提供宝贵的线索，并且帮助我们发现学校教育系统需要在整体上做出的转变。

本书中包含的工具既适用于解决个体自身存在的问题，也有助于在系统层面做出调整。它旨在为应试者提供给自己赋能的必要方法，以帮助他们在考场上发挥出最佳水平。除此之外，我创作本书的另一目是培养你作为教师的觉察能力并辅以相应的工具，以便你更好地帮助自己和你的学生面对各种考验。

在过去的 50 年里，我曾从事过美国教育系统内各个层级的工作。自 1969 年参加的启蒙幼儿园计划开始，到 2018 年进行的研究生职业医疗保健培训为止，我获得了很多机会深入思考一个至关重要的问题：在美国的教育系统中，我们究竟教给了学生什么？通过观察我发现，大体上讲，学生们所接受的学校教育与此后他们在生活中可能需要的技能并不匹配。表 10-1 中的内容旨在引发你的思考，并且促使教师和教育政策的制定者展开讨论。你会发现，该表中列出的学生在学校教育系统中发展出的思维和行为模式，与他们在日常生活中所需的技能之间存在错位。在阅读完表 10-1 后，我希望你有充分的理由相信，无论是为了提高学生在课堂上和考试中的表现，还是为了给他们的人生奠定基础，你都有必要将保持冷静、自信和专注的技巧传授给他们。

表 10-1　学生接受的学校教育与实际生活中需要的技能之间的差异

学生在学校学到的内容	他们在生活中需要的技能
在最后时刻付出努力 在为考试进行准备的过程中，很多学生会拖延到最后一刻再以死记硬背的方式将考试所需的知识填塞到大脑中。他们学会了如何在最后时刻做出最低限度的努力来应付考试。他们总是落在踏实刻苦的人后面，始终难以望其项背。在面对人生的考验时，这种方式会让他们感到惊慌失措	**做好充分的准备** 人生的旅途充满不期而遇的考验，因此，我们需要为应对可能发生的一切做好准备。学会如何保持冷静、自信和专注有助于我们为自己赋能，并且在一切挑战到来时泰然处之，避免陷入手足无措的窘境

（续表）

学生在学校学到的内容	他们在生活中需要的技能
给出正确答案 学校教育和考试会对正确答案给予奖励，而不考虑学生为了得到答案进行了哪种程度的思考。在很多情况下，学生的思维过程存在问题，并且难以维持稳定的思维水平	**采用批判性思维** 人生错综复杂，因此在很多情况下，某些问题的正确答案并不是显而易见的。我们需要培养学生进行批判性思维的能力，并且在此基础上让他们辩证地思考自己在所面临的情境中可能采取的不同行动
为自己服务 竞争是现有的教育系统的基石，它经常迫使学生陷入你争我夺的境地。他们从中学会了只为自己考虑，并且因为一心想要拔得头筹而将与自己具有同等天赋和权利的人视为敌人，甚至对这些人造成伤害	**为他人奉献** 每个人都是这个世界的社会构架中的一部分。我们活在世上的意义不仅仅是为了让自己获益，而是要兼顾他人和公众的利益。当身处群体之中时，你需要考虑自己能做出怎样的贡献，这是因为群体共同的优劣皆会投射到你的身上。你需要理解的是，每个人都被赋予了独特的角色，并且每个人的价值取决于他所做出的贡献
为逃避现状而行动 学生们仅仅为了进入下一步而完成必要的任务，他们一味地关注结果。每个学生都在考虑："这部分内容是否会在考试中出现？"这种态度脱离了当下的情境，而只关注缥缈且令人提心吊胆的未来	**全身心投入当下** 人生是由当下的每一刻不断汇聚而成的一条溪流。通过教会学生如何保持冷静、自信和专注，我们能够训练他们全身心地投入当下，并且当即把握住机会进行学习，以获得个人成长和共同成长

成为一名好老师的五级"阶梯"

在结束本书之前，我希望向你提供我认为有助于成为一名好老师的五级"阶梯"。在我的人生旅途中，我非常荣幸地邂逅过数位不同寻常的辅导者，并且接受了他们的教诲。他们对自己教授的学科充满了热情，全心全意地对待学生，并且致力于创造更加美好的世界。我将他们视为榜样并竭尽全力地向他们看齐。我将自己对教学艺术的理解及应用于考试的方法总结为如下几点。

乐在其中

如果你能够以热忱的态度对待自己教授的内容和教师这个角色，那么你的满腔热情就会直接传递给学生。这份热情将激发学生的学习动力，鼓励他们拥抱自己终将担负的使命，并且积极地学会如何应对人生的道路上出现的各种考验。与此相反，如果你对自己的工作表现出倦怠，那么你的学生也会表现出抵触情绪并丧失学习的意愿。一旦缺少了热情，对每个身处其中的人来讲，学校生活就会变成一项烦琐且无趣的工作，仿佛一道必须跨越的障碍，人生亦是如此。毋庸置疑的是，你无法假装热爱自己的工作。因此，如果你对自己所教的科目缺少热情，就需要你努力寻找。请与在工作上充满热情且能为你提供帮助的人进行交流，或者找到一份真正令你为之心动的工作。

培养尊重之心

"尊重"意味着"保持敬意"。你可以通过尊重每个学生对班级乃至今后对社会产生的影响和做出的贡献来培养这种意识。每个人都可以奉献自己的力量，而你需要做的是对他们独特的贡献表示敬意。请记住，你是学生的榜样。在对他们表现出尊重的同时，你也在告诉他们应该以同样的方式对待自己和他人。尊重并不意味着不加区别地接受。个体之间存在差异，我们也应该欣赏这种差异。尊重也不意味着你需要时刻保持和蔼可亲的态度，因为每个人的言行举止取决于他们的个性和行事风格。我在初中时的一段经历可以很好地说明上述内容。当时，初等代数这门课程令我一筹莫展，算式中的那些 x 和 y 让我感到晕头转向。我们的代数老师非常严厉，他要求我们必须按时完成作业，不得无故缺课，并且会严格按照解题步骤和答案的准确性为每个人评分。尽管我明显在这门课程上表现得很吃力，但这位老师从未让我感觉自己天生愚钝，或者没有能力学好代数。他反而对我所遭遇的困境和不擅长代数这一实际情况表示尊重。在此基础上，他鼓励我努力学习，并且帮助我将学习的过程分解为小而可行的步骤，甚至介绍高年级学生为我进行辅导。尽管他为人不苟言笑，但我能切实地感受到他对我的尊重。正是这份尊重激励着我不断地努力学习。从第一次小测验不及格，到在期末考试中取得良好的成绩，对我来讲，这种进步既是一种巨大的成就，又成为我的自豪感的来源。给予学生尊重有助于他们学会在学习和参加考试的过程中尊重自己和自己付出的努力。在此基础上，他们会懂得认真地对待自己。

接受现实

人生的发展往往不随我们的意愿或希望发生改变。每天在面对或多或少会发生的不如意时，你有几种选择：你可以向有意倾听的人抱怨，也可以闷闷不乐；你可以大发雷霆，或者感到心灰意冷；你甚至可以像婴儿一般蜷缩起身体并渴求他人温柔的拥抱。然而除此之外，你还可以用另一种方式处理这些情况：你可以跨入人生的洪流之中，并且原原本本地接受所发生的一切。你可以在此基础上采取行动。对以儿童或青少年作为工作对象的老师来讲，我们需要日复一日地面对这种挑战。每一天都会发生各种各样我们不希望看到的情况，但这又何妨？如果你能够尽早地意识到所发生的任何状况实际上都不受自己的掌控，就可以更好地接受现实并与它共存，而不是试图对抗这些状况。请你接受现实，而不是期盼情况有所不同，或者抱有不切实际的想法。

如果你确实希望接受现实，那么这就意味着你必须接受自己的缺点和短处，并且原原本本地接纳自己的学生。他们将从你身上学会不再对抗自己。

质疑现状

在上一部分的内容中，我讲述了接受现实，现在我又鼓励你质疑现状，或许这会令你感到很困惑。请让我厘清其中的逻辑：在接受我们所生活的世界并不完美的同时，我们可以努力将它变得更好。如前所述，期望或渴求情况有所不同只会提高你的压力水平。你需要做的不是期许一种不同的状况，而是理解在接受现状的前提下，只要你采用正确的方法，有些事情就有可能发生改变。针对考试，怨天尤人于事无补。实施考试是教师不可回避的职责，因此与其抱怨，你不妨尽力提高考试的文化公平性，并且确保它能更加准确地反映所考科目的内容。你可以借助本书训练学生保持冷静、自信与专注，以帮助他们大幅减少在考试的过程中体验到的痛苦。

对学生负责

如果你所教的学生在学习或应试方面陷入了困境，那么应该由谁来为此负责呢？

在美国的多数学校里，如果一名学生没能在考试中及格，那么所有人都会开始相互指责，并且将责任归结于家长、文化背景、课程设置等因素。而在此过程中，学生会成为最终的受害者。他们会被随随便便地贴上各种标签，或者被诊断为患有某种病症，甚至开始接受药物治疗，并且很可能因此长时间受到严重的负面影响。他们在成年后仍然会笼罩在标签所留下的阴影中，而药物的副作用则有可能引发一系列新的问题。这一切究竟是谁的过错？

我所敬爱的老师薇欧拉·史波琳建议我们将"责任"定义为"有能力做出反应"。尽管在有些情况下，明确是谁犯了错或许会对局面有所帮助，但我们真正需要做的是解决问题，并且持续不断地培养自己对学生的需要做出反应的能力。为了忠实且出色地履行这项职责，我坚信我们首先需要学会的是对自己负责并塑造最好的自己。在此基础上，我们便能够以健康且高效的方式为建设安全且富有支持性的世界共同体贡献自己的力量。这件事需要从你，即每一名老师，开始做起。身为老师，你所从事的工作是神圣的，你需要在这个岗位上做出自己独特的贡献。在尽到自己的责任的同时，你也在训练学生在成长的过程中以你为榜样，并且帮助他们在面对人生的挑战时多几分快乐，少一些痛苦。通过培养自己做出反应的能力，你可以教会学生如何担负起自己的责任，而不是在出现问题时指责其他人或事物。

考试带来的挑战

随着历史发展到如今这个阶段，值得注意的是，在美国乃至全世界范围内兴起的考试热潮，以及它对学生、教师和学校的教育环境造成的消极影响。我们执迷于以考试成绩和排名为代表的数字，并且将它们与老师的薪资和学校获得的拨款联系在一起。我们始终不遗余力地推行的考试在缺乏公平的同时显得落后于时代，这些考试不但存在文化偏见，而且会触发学生们的焦虑。不仅如此，这些考试并没有考察它们真正应该考察的内容。这种环境是否能为年轻人提供必要的支持，又能否鼓励他们了解世界并探索真正的自我？在这样的环境下，他们能否发展出成功所必需的认知能力和社交技巧呢？答案是否定的。看起来，我们似乎在与这些美好的初衷背道而驰。

作为教育者，我们必须不断反思的问题是："我们究竟在满足谁的需要？”很多老师为了满足自己的控制欲，并且实现他们昭然若揭的"得过且过"和"取得高分"的目的，将学生作为牺牲品。这样的事例屡见不鲜。这些老师本来有机会向学生展现自身所具有的人文精神和在多年的教学工作中积累下来的智慧，并且在此基础上引导学生走上有意义且整合的人生之路。然而，作为亟须反思和大规模修订的教育政策和课程设置的受害者，老师在伤害了自己的学生的同时，也亲手葬送了为学生提供巨大价值的宝贵机会。

为了帮助学生为离开校园后的人生做好准备，我们需要教会他们如何面对一切考验。让我们以身作则地向他们展示如何在人生的挑战面前保持冷静、自信和专注。在此基础上，我们便可以肩并肩地共同面对生活中出现的严峻考验，并且互相提供支持和鼓励。

愿在我们的教导之下，每个学生都有能力为我们的世界共同体贡献价值，并且唤醒他们所遇到的每一个人心中蕴藏的建立联结的能力和责任感。

致　谢

· · · · ·

本书是我作为学生、表现辅导者、教师和心理学家的毕生心血。我希望在此向本书创作和出版过程涉及的每一个人表达诚挚的欣赏和感谢。除此之外，我要感谢许许多多曾与我一起学习或合作但没有出现在本书中的人，你们在我心中同样占据着重要的位置。

感谢我在教育界的师长及同僚，其中包括：薇欧拉·史波琳、大卫·E. 亨特（David E. Hunt）、凯瑟琳·西恩伯格、柯莱特·艾伯克尔 - 马斯喀特（Colette Aboulker-Muscat）、温德拉·科尔尼格（Wendla Kernig）、黛博拉·迈耶（Deborah Meier）、凯瑟琳·亨特（Catherine Hunter）、莎朗·克拉瓦纳斯及查尔斯·N. 博托拉米。

感谢我在心理学领域的导师和同僚，其中包括：乔恩·M. 波拉普（Jon M. Plapp）、西尔维亚·布林顿·佩莱拉（Sylvia Brinton Perera）和吉尔伯特·纽曼（Gilbert Newman）。特别感谢鼓励我遵从使命的召唤的贝弗莉·扎布里斯基（Beverley Zabriskie），和在早期为我提供支持的威廉·F. 里斯（William F. Riess）。

感谢我在音乐方面的同僚，其中包括：黛西·纽曼（Daisy

Newman）、凯瑟琳·凯斯卡特（Kathryn Cathcart）、谢丽·格里纳沃德（Sheri Greenawald）、罗伯特·休斯（Robert Hughes）和苏辛·格林（Suzin Green）。特别感谢罗恩·赫尔德（Ron Herder），是他帮助我开拓了通往内心之声的道路。

感谢在这本书出版的过程中为我提供帮助的人，其中包括：艾伦·格里芬（Ellen Griffin）、埃玛妮塔·罗森布什（Amanita Rosen-bush）、多萝西·沃尔（Dorothy Wall）、苏珊·佩吉（Susan Page）、蕾贝卡·摩根（Rebecca Morgan）和代理人费斯·哈姆林（Faith Hamlin）、乔·斯皮勒（Joe Spieler）及艾米·雷纳特（Amy Rennert）。特别感谢托马斯·W. 费伦博士（Dr. Thomas W. Phelan），作为我的导师，他为我提供了丰富的知识和巨大的支持。

感谢我毕生的朋友，他们是乔·鲁法托（Joe Ruffatto）、帕特·辛格（Pat Singer）、唐纳德·索辛（Donald Sosin）、弗兰克·布劳（Frank Blau）、大卫·马丁（David Martin）、罗伯特·艾维斯（Robert Ives）、小维吉尔·H. 罗根（Virgil H. Logan, Jr.）、沃伦（War-ren）一家和安德里亚·I. 杰普森（Andrea I. Jepson）。

感谢我的家人，其中包括我的姐姐迪迪·康恩（Didi Conn）、我的兄弟安德鲁（Andrew）和理查德（Richard）、我们已故的父母、我的表兄弟席尔迪·伯恩斯坦（Hildy Bernstein）和汤米·李（Tom-my Li），以及我亲爱的姑妈蕾切尔·R. 莱曼（Rachel R. Lehmann）。

感谢位于旧金山的希伯来免息贷款协会（Hebrew Free Loan Ass-ociation）和朱迪·罗森菲尔德（Judy Rosenfeld）、尼尔·戈赞（Neil

Gozan）、迪克·谢尔曼（Dick Sherman）及已故的维基·德·高夫（Vicki de Goff）所提供的经济支持。

感谢克里斯托弗·罗宾斯（Christopher Robbins）和米歇尔·罗宾斯（Michele Robbins），以及家庭出版社（Familius）的编辑和员工。感谢他们为我提供了强有力的支持并对我信赖有加。

感谢我的学生和来访者对我表现出的开放的态度，以及在合作过程中的全身心投入。我从他们身上获得了不可估量的信息，这些信息充实了本书的内容，同时帮助我更深入地了解了自己。在合作的过程中，他们对我报以信任并付出了努力，与此同时，他们的事例也证明了人们可以实现改变。对我来讲，这一切都具有无以言表的重大意义。

感谢我的妻子淑华（Suk-Wan）。在她的陪伴下，我每天都得以在生活中身体力行地实践本书中讲述的内容。没有人比她更了解我，同时也不断地鞭策着我成为更好的自己。她坚强、果敢、幽默、温柔、美丽，并且致力于不断获得自身的成长，我无比欣赏她的这些品质。和她在一起的生活是幸福的，我们之间处处存在默契，并且每一天都充满新鲜感。

版 权 声 明